北京大學《儒藏》編纂與研究中心　編

《儒藏》精華編選刊

曾文正公家訓

〔清〕曾國藩　著
黄長義　校點

北京大學出版社
PEKING UNIVERSITY PRESS

圖書在版編目(CIP)數據

曾文正公家訓 /（清）曾國藩著；北京大學《儒藏》編纂與研究中心編. -- 北京：北京大學出版社，2024. 10. --（《儒藏》精華編選刊）. --ISBN 978-7-301-35576-3

Ⅰ. K827=52

中國國家版本館CIP數據核字第20244YZ335號

書　　名	曾文正公家訓 ZENGWENZHENGGONG JIAXUN
著作責任者	〔清〕曾國藩 著 黄長義 校點 北京大學《儒藏》編纂與研究中心 編
策劃統籌	馬辛民
責任編輯	吴冰妮
標準書號	ISBN 978-7-301-35576-3
出版發行	北京大學出版社
地　　址	北京市海淀區成府路205號　100871
網　　址	http://www. pup. cn　新浪微博：@ 北京大學出版社
電子郵箱	編輯部 dj@pup. cn　總編室 zpup@pup. cn
電　　話	郵購部 010-62752015　發行部 010-62750672 編輯部 010-62756449
印 刷 者	三河市北燕印裝有限公司
經 銷 者	新華書店
	650毫米×980毫米　16開本　8.75印張　80千字
	2024年10月第1版　2024年10月第1次印刷
定　　價	39.00元

目　録

校點説明

曾國藩（一八一一—一八七二），初名子城，字伯涵，號滌生，湖南湘鄉人，中國近代著名的政治家、軍事家、理學家、文學家。曾國藩出生於耕讀並重的士人家庭，幼從父學，道光十三年（一八三三）入縣學爲秀才，翌年中舉，道光十八年中進士。此後從翰林院庶吉士累遷侍讀、侍講學士、文淵閣值閣事、内閣學士兼禮部侍郎，及署兵部、工部、刑部、吏部侍郎等職。咸豐三年（一八五三），太平軍攻入湖南，丁憂在家的曾國藩受任爲湖南團練大臣，後成爲剿滅太平天國的湘軍主帥，封太子太保、一等勇毅侯，先後任兩江總督、直隸總督。在學術上，曾國藩以宋學爲宗，同時兼采漢學，一生精研義理、考據、辭章、經濟之學，皆蔚爲大觀，卓有成就，兼具「中興名臣」與「理學重鎮」的雙重身份。同治十一年（一八七二）卒於兩江總督任上，謚「文正」。後人對曾國藩的評價見仁見智，褒貶不一。章太炎謂爲「譽之爲聖相，讞之爲元兇」。

曾國藩去世後，清朝統治者開始在長沙傳忠書局組織編纂曾氏文集。《曾文正公家訓》即由當時著名學者長沙人曹耀湘主持編輯，由楊仲蕃刻字，於光緒五年（一八七九）由傳忠書局刊行。因此前傳忠書局編纂的《曾文正公全集》已於光緒三年刊印，故此刊《曾文正公家訓》係單行本。《曾文正公家訓》分爲上、下兩卷，編者精選出曾國藩教育子女的家書一百一十七封，上卷五十五封，下卷六十二封。除一封寫給叔父、二封寫給夫人、一封寫給侄子之外，其餘皆寫給兒子曾紀澤、曾紀鴻，内容涉及持家、治學、修身、爲人、處世、養生等多方面。後人評價《曾文正公家訓》「言近旨遠，意誠詞懇，娓娓不倦，尤足振聵發聾，警頑立懦，使人滌瑕蕩穢，化惡遷善，於轉移風氣，變化氣質，所關匪淺」（侯王渝語）。《曾文正公家訓》刊行以後，士大夫之家皆以之爲教育子弟的教材，故各地紛紛翻刻，光緒中葉後已遍及大江南北，幾於家有其書，在近代中國社會産生了深遠影響。著名學者錢穆盛贊曾國藩爲「中國一大教育家」。

除傳忠書局原刻本外，晚清至民國年間流傳的各種版本的《曾文正公家訓》多達數十種。主要有：光緒十三年上海鴻文書局鉛印本、光緒十六年上海廣百宋齋鉛印本、光緒十六年鴻寶南局鉛印本、光緒二十九年上海鴻寶書局石印本、光緒三十二年上海商務印書館鉛印本、光緒年間上海申報館鉛印本、宣統元年（一九〇九）章福記書局石印本、民國四年（一九一五）上海鑄記書局石印本、民國年間著易堂書局石印本、民國十八年上海世界書局石印本、民國十八年上海廣益書局石印本、民國二十四年上海大達圖書供應社鉛印本等，或爲單行本，或與家書、日記合刊，或與全集合刊。各種版本皆以傳忠書局刻本爲基礎編輯，印刷質量則參差不齊。一九六五年，臺灣學生書局編輯《湘鄉曾氏文獻》，將曾國藩、曾國潢、曾國荃、曾國葆、曾紀澤、曾紀鴻等人的部分手稿影印出版，文獻價值甚高。一九九七年海南出版社出版了由鍾叔河彙編校點的《曾國藩往來家書全編》，以臺北故宫博物院藏曾國藩及其家人親筆家書墨跡、湖南省圖書館藏曾國藩親筆家書墨跡、湖南省圖書館藏曾國藩家書「録副抄件」及「發刻抄件」、傳忠書局刻本《曾文正公家書》及《曾文正公家訓》爲基礎整理校點，是名副其實的家書「全編」。本次校點，以傳忠書局原刻本爲底本，以臺灣學生書局《湘鄉曾氏文獻》（簡稱「《湘鄉文獻》」）爲校本，以光緒十六年鴻寶南局校印本（簡稱「鴻寶南局本」）和海南出版社《曾國藩往來家書全編》（簡稱「《家書全編》」）爲參校本，凡《湘鄉曾氏文獻》中有手跡的以手跡爲主進行校勘，無手跡的以《曾國藩往來家書全編》所收來自手跡的書信和鴻寶南局校印本進行校勘。

校點者　黄長義

曾文正公家訓卷上

咸豐六年丙辰九月念九夜手諭，❶時在江西撫州門外

字諭紀鴻兒：

家中人來營者，❷多稱爾舉止大方，余爲少慰。凡人多望子孫爲大官，余不願爲大官，但願爲讀書明理之君子。勤儉自持，習勞習苦，可以處樂，可以處約，此君子也。余服官二十年，不敢稍染官宦氣習，飲食起居，尚守寒素家風。極儉也可，略豐也可，太豐則吾不敢也。凡仕宦之家，由儉入奢易，由奢返儉難。爾年尚幼，切不可貪愛奢華，不可慣習懶惰。無論大家小家、士農工商，勤苦儉約，未有不興；驕奢倦怠，未有不敗。爾讀書寫字，不可間斷。早晨要早起，莫墜高曾祖考以來相傳之家風。吾父吾叔，皆黎明即起，爾之所知也。

凡富貴功名，皆有命定，半由人力，半由天事。惟學作聖賢，全由自己作主，不與天命相干涉。吾有志

❶「念」，鴻寶南局本作「廿」。
❷「人」，鴻寶南局本作「之」。

學爲聖賢，少時欠居敬工夫，至今猶不免偶有戲言戲動。爾宜舉止端莊，言不妄發，則入德之基也。

咸豐八年七月二十一日，舟次樵舍，下去江西省城八十里

字諭紀澤兒：

余此次出門，略載日記，即將日記封每次家信中。聞林文忠家書即係如此辦法。爾在省僅至丁、左兩家，餘不輕出，足慰遠懷。

讀書之法，看、讀、寫、作四者，每日不可缺一。看者，如爾去年看《史記》《漢書》《韓文》《近思録》、今年看《周易折中》之類是也。讀者，如四書《詩》《書》《易經》《左傳》諸經、《昭明文選》、李杜韓蘇之詩、韓歐曾王之文，非高聲朗誦則不能得其雄偉之概，非密咏恬吟則不能探其深遠之韻。譬之富家居積，看書則在外貿易，獲利三倍者也；讀書則在家慎守，不輕花費者也。譬之兵家戰争，看書則攻城略地，開拓土宇者也；讀書則深溝堅壘，得地能守者也。看書與子夏之「日知所亡」相近，❶讀書與「無忘所能」相近，二者不可偏廢。

至於寫字，真行篆隸，爾頗好之，切不可間斷一日。既要求好，又要求快。余生平因作字遲鈍，吃虧不少。爾須力求敏捷，每日能作楷書一萬則幾矣。

---

❶ 「與」，原作「如」，據《湘鄉文獻》改。

至於作諸文，亦宜在二三十歲立定規模，過三十後則長進極難。作四書文、作試帖詩、作律賦、作古今體詩、作古文、作駢體文，數者不可不一一講求，一一試爲之。少年不可怕醜，須有狂者進取之趣。過時不試爲之，則後此彌不肯爲矣。

至於作人之道，聖賢千言萬語，大抵不外「敬」、「恕」二字。「仲弓問仁」一章，言敬恕最爲親切。自此以外，如「立則見其參於前也，在輿則見其倚於衡也」，「君子無衆寡，無小大，無敢慢，斯爲泰而不驕」，「正其衣冠，儼然人望而畏，斯爲威而不猛」，是皆言敬之最好下手者。孔言「欲立立人，欲達達人」，孟言「行有不得，反求諸己」、「以仁存心，以禮存心」、「有終身之憂，無一朝之患」，是皆言恕之最好下手者。爾心境明白，於「恕」字或易著功，「敬」字則宜勉强行之。此立德之基，不可不謹。

科場在即，亦宜保養身體。余在外平安，不多及。

再，此次日記，已封入澄侯叔函中，❶寄至家矣。余自十二至湖口，十九夜五更開船晉江西省，廿一申刻即至章門。餘不多及，又示。

❶ 「函」，《湘鄉文獻》作「椷」。

咸豐八年八月初三日

字諭紀澤：❶

八月一日劉曾撰來營，接爾第二號信，并薛曉帆信，得悉家中四宅平安，至以爲慰。

汝讀四書無甚心得，由不能「虚心涵泳，切己體察」。朱子教人讀書之法，此二語最爲精當。爾現讀《離婁》，即如《離婁》首章「上無道揆，下無法守」，吾往年讀之，亦無甚警惕。近歲在外辦事，乃知上之人必揆諸道，下之人必守乎法；若人人以道揆自許，從心而不從法，則下凌上矣。「愛人不親」章，往年讀之，不甚親切。近歲閲歷日久，乃知治人不治者，智不足也。此切己體察之一端也。

「涵泳」二字，最不易識。余嘗以意測之曰：涵者，如春雨之潤花，如清渠之溉稻。雨之潤花，過小則難透，過大則離披，適中則涵濡而滋液。清渠之溉稻，過少則枯槁，❷過多則傷澇，適中則涵養而浡興。泳者，如魚之游水，如人之濯足。程子謂魚躍於淵，活潑潑地；莊子言濠梁觀魚，安知非樂：此魚水之快也。左太沖有「濯足萬里流」之句，蘇子瞻有「夜卧濯足」詩，有「浴罷」詩，亦人性樂水者之一快也。善讀書者，須視書如水，而視此心如花、如稻、如魚、如濯足，則「涵泳」二字，庶可得之於意言之表。爾讀書易於解説文義，卻

---

❶ 「澤」下，《湘鄉文獻》有「兒」字，下多同，不出校。

❷ 「少」，原作「小」，據《湘鄉文獻》改。

不甚能深入。可就朱子「涵泳」、「體察」二語悉心求之。

鄒叔明新刊地圖甚好，余寄書左季翁託購致十副，爾收得後可好藏之。薛曉帆銀百兩宜璧還，余有復信，可并交季翁也。此囑。

咸豐八年八月二十日，書於弋陽軍中

字諭紀澤：

十九日曾六來營，接爾初七日第五號家信并詩一首，具悉。次日入闈，考具皆齊矣，此時計已出闈還家。余於初八日至河口，本擬由鉛山入閩，進擣崇安，已拜疏矣。光澤之賊竄擾江西，連陷瀘溪、金溪、安仁三縣，即在安仁屯踞，十四日派張凱章往剿，十五日余亦回駐弋陽。待安仁破滅後，余乃由瀘溪雲際關入閩也。

爾七古詩氣清而詞亦穩，余閱之忻慰。凡作詩，最宜講究聲調。余所選鈔五古九家、七古六家，聲調皆極鏗鏘，耐人百讀不厭。余所未鈔者，如左太沖、江文通、陳子昂、柳子厚之五古，鮑明遠、高達夫、王摩詰、陸放翁之七古，聲調亦清越異常。爾欲作五古、七古，須熟讀五古、七古各數十篇。先之以高聲朗誦以昌其氣，繼之以密詠恬吟以玩其味，二者并進，使古人之聲調，拂拂然若與我之喉舌相習，則下筆爲詩時，必有句調湊赴腕下。詩成自讀之，亦自覺琅琅可誦，引出一種興會來。古人云「新詩改罷自長吟」，又云「煅詩未就且長吟」，可見古人慘淡經營之時，亦純在聲調上下工夫。蓋有字句之詩，人籟也；無字句之詩，天籟也。

解此者，能使天籟、人籟湊泊而成，則於詩之道思過半矣。

爾好寫字，是一好氣習。近日墨色不甚光潤，較去年春夏已稍退矣。以後作字，須講究墨色。古來書家，無不善使墨者。能令一種神光活色浮於紙上，固由臨池之勤、染翰之多所致，亦緣於墨之新舊濃淡，用墨之輕重疾徐，皆有精意運乎其間，故能使光氣常新也。

余生平有三恥：學問各塗，皆略涉其涯涘，獨天文、算學豪無所知，雖恒星、五緯亦不識認，一恥也；每作一事，治一業，輒有始無終，二恥也；少時作字，不能臨摹一家之體，遂致屢變而無所成，遲鈍而不適於用，近歲在軍，因作字太鈍，廢閣殊多，三恥也。爾若爲克家之子，當思雪此三恥。推步、算學縱難通曉，恒星、五緯觀認尚易。家中言天文之書，有十七史中各《天文志》及《五禮通考》中所輯《觀象授時》一種。每夜認明恒星二三座，不過數月，可畢識矣。凡作一事，無論大小難易，皆宜有始有終。作字時，先求圓勻，次求敏捷。若一日能作楷書一萬，少或七八千，愈多愈熟，則手腕豪不費力。將來以之爲學，則手鈔群書；以之從政，則案無留牘。無窮受用，皆自寫字之勻而且捷生出。三者皆足彌吾之缺憾矣。

今年初次下場，或中或不中，無甚關係。榜後即當看《詩經注疏》，以後窮經讀史，二者迭進。國朝大儒，如顧、閻、江、戴、段、王數先生之書，亦不可不熟讀而深思之。光陰難得，一刻千金，以後寫安稟來營，不妨將胸中所見、簡編所得，馳騁議論，俾余得以考察爾之進步，不宜太寥寥。此諭。

咸豐八年十月二十五日

字諭紀澤：

十月十一日接爾安禀，内坿隸字一册。廿四日接澄叔信，内坿爾臨《玄教碑》一册。❶王五及各長夫來，具述家中瑣事甚詳。

爾信内言讀《詩經注疏》之法，比之前一信已有長進。凡漢人傳注，唐人之疏，其惡處在確守故訓，失之穿鑿；其好處在確守故訓，不參私見。釋「謂」爲「勤」，尚不數見；釋「言」爲「我」，處處皆然。蓋亦十口相傳之詁，而不復顧文氣之不安。如《伐木》爲文王與友人入山，《鴛鴦》爲明王交於萬物，與爾所疑《螽斯》章解，同一穿鑿。朱子《集傳》一掃舊障，專在涵泳神味，虚而與之委蛇。然如《鄭風》諸什，《注疏》以爲皆刺忽者固非，朱子以爲皆淫奔者亦未必是。爾治經之時，無論看《注疏》、看朱傳，❷總宜虚心求之。其愜意者則以硃筆識出，其懷疑者則以另册寫一小條，或多爲辨論，或僅著數字。將來疑者漸晰，又記於此條之下，久久漸成卷帙，則自然日進。高郵王懷祖先生父子，經學爲本朝之冠，皆自劄記得來。吾雖不及懷祖先生，而望爾爲伯申氏甚切也。

---

❶「玄」，原作「元」，係避康熙諱，今回改，下同，不出校。

❷「朱」，原作「宋」，據鴻寶南局本改。

爾問時藝可否暫置，抑或它有所學，余惟文章之可以道古、可以適今者，莫如作賦。漢魏六朝之賦，名篇鉅製，具載於《文選》，余嘗以《西征》、《蕪城》及《恨》、《別》等賦示爾矣。❶ 其小品賦，則有《古賦識小録》，律賦則有本朝之吴穀人、顧耕石、陳秋舫諸家。爾若學賦，可於每三、八日作一篇，大賦或數千字，小賦或僅數十字，或對或不對，均無不可。此事比之八股文略有意趣，不知爾性與之相近否？

爾所臨隸書《孔宙碑》，筆太拘束，不甚鬆活。想係執筆太近豪之故，以後須執於管頂。余以執筆太低，終身吃虧，故教爾趁早改之。《玄教碑》墨氣甚好，可喜可喜。郭二姻叔嫌左肩太俯，右肩太聳。吴子序年伯欲帶歸示其子弟。爾字姿於草書尤相宜，以後專習真草二種，篆隸置之可也。四體并習，恐將來不能一工。

余癬疾近日大愈，目光平平如故。營中各勇夫病者，十分已好六七。惟尚未復元，不能拔營進剿，良深焦灼。聞甲五目疾十愈八九，忻慰之至。爾爲下輩之長，須常常存箇樂育諸弟之念。君子之道，莫大乎與人爲善，況兄弟乎？臨三、昆八，係親表兄弟，爾須與之互相勸勉。爾有所知者，常常與之講論，則彼此并進矣。此諭。

❶「恨」，原作「憾」，據《家書全編》改。

咸豐八年十月二十九日，建昌營次

字諭紀澤：

二十五日寄一信，言讀《詩經注疏》之法。二十七日縣城二勇至，接爾十一日安稟，具悉一切。爾看天文，認得恒星數十座，甚慰，甚慰！前信言《五禮通考》中《觀象授時》二十卷内恒星圖最爲明晰，曾繙閱否？國朝大儒於天文曆數之學，講求精熟，度越前古。自梅定九、王寅旭以至江、戴諸老，皆稱絶學。然皆不講占驗，但講推步。占驗者，觀星象雲氣以卜吉凶，《史記·天官書》、《漢書·天文志》是也。推步者，測七政行度以定授時，《史記·律書》、《漢書·律曆志》是也。秦味經先生之《觀象授時》，簡而得要。心壺既肯究心此事，可借此書與之閲看。《五禮通考》内有之，《皇清經解》内亦有之。若爾與心壺二人能略窺二者之端緒，則足以補余之闕憾矣。四六落脚一字粘法，另紙寫示。因接安徽信，遂不開示。

書至此，接趙克彰十五夜自桐城發來之信，温叔及李迪庵方伯尚無確信，想已殉難矣，悲悼曷極！來信寄叔祖父封内，中有往六安州之信，尚有一線生機。余官至二品，誥命三代，封妻蔭子，受恩深重，久已置死生於度外，且常恐無以對同事諸君於地下。温叔受恩尚淺，早歲不獲一第，近年在軍亦不甚得志，設有不測，賫憾有窮期耶？

軍情變幻不測，春夏間方冀此賊指日可平，不圖七月有廬州之變，八九月有江浦、六合之變，兹又有三河之大變，全局破壞，與咸豐四年冬間相似，情懷難堪。但願爾專心讀書，將我所好看之書領略得幾分，我所講求之事鑽研得幾分，則余在軍中，心常常自慰。爾每日之事，亦可寫日記，以便查核。

咸豐八年十二月初三日

字諭紀澤：

初一日接爾十二日一禀，得知四宅平安，爾將有長沙之行，想此時又歸也。少庚早世，賀家氣象日以凋耗。爾當常常寄信與爾岳母，以慰其意；每年至長沙走一二次，以解其憂。耦庚先生學問文章卓絶輩流，居官亦愷惻慈祥，而家運若此，是不可解！爾輓聯尚穩妥。

《詩經》字不同者，余忘之。凡經文板本不合者，阮氏《校勘記》最詳。阮刻《十三經注疏》，今年六月在岳州寄回一部，每卷之末皆附《校勘記》。《皇清經解》中亦刻有《校勘記》，可取閱也。凡引經不合者，段氏《撰異》最詳。段茂堂有《詩經撰異》、《書經撰異》等著，俱刻於《皇清經解》中。爾繙而校對之，則疑者明矣。

咸豐八年十二月十三日

字諭紀澤：

日來接爾兩禀，知爾《左傳注疏》將次看完。《三禮注疏》，非將江慎修《禮書綱目》識得大段，則《注疏》亦殊難領會，爾可暫緩，即《公》、《穀》亦可緩看。爾明春將胡刻《文選》細看一徧，一則含英咀華，可醫爾筆下枯澀之弊；一則吾熟讀此書，可常常教爾也。

沅叔及寅皆先生望爾作四書文，極爲勤懇。余念爾庚申、辛酉下兩科場，文章亦不可太醜，惹人笑話。爾自明年正月起，每月作四書文三篇，俱由家信内封寄營中。此外或作得詩賦論策，亦即寄呈。

寫字之中鋒者，用筆尖著紙，古人謂之「蹲鋒」，如獅蹲虎蹲犬蹲之象。偏鋒者，用筆毫之腹著紙，不倒於左，則倒於右，當將倒未倒之際，一提筆則爲蹲鋒，是用偏鋒者，亦有中鋒時也，此諭。

咸豐八年十二月三十日

字諭紀澤：

聞爾至長沙已逾月餘，而無稟來營，何也？少庚訃信百餘件，聞皆爾親筆寫之，何不發刻，❶或倩人幫寫？非謂爾宜自惜精力，蓋以少庚年未三十，情有等差，禮有隆殺，則精力亦不宜過竭耳。

近想已歸家度歲？今年家中因温甫叔之變，氣象較之往年迴不相同。余因去年在家，争辨細事，與鄉里鄙人無異，至今深抱悔憾。故雖在外，亦惻然寡懽。爾當體我此意，於叔祖、各叔父母前盡些愛敬之心，常存休戚一體之念，無懷彼此歧視之見，則老輩内外必器愛爾，後輩兄弟姊妹必以爾爲榜樣。日處日親，愈久愈敬，若使宗族鄉黨皆曰「紀澤之量大於其父之量」，則余欣然矣。

余前有信教爾學作賦，爾復稟並未提及。又有信言「涵養」二字，爾復稟亦未之及。嗣後我信中所論之

---

❶ 「發刻」，《湘鄉文獻》作「發匠刊刻」。

事，爾宜一一禀復。

余於本朝大儒，自顧亭林之外，最好高郵王氏之學。王安國以鼎甲官至尚書，謚文肅，正色立朝。生懷祖先生念孫，經學精卓。生王引之，復以鼎甲官尚書，謚文簡。三代皆好學深思，有漢韋氏、唐顏氏之風。余自憾學問無成，有媿王文肅公遠甚，而望爾輩爲懷祖先生，爲伯申氏，則夢寐之際，未嘗須臾忘也。懷祖先生所箸《廣雅疏證》、《讀書雜志》，家中無之。伯申氏所箸《經義述聞》、《經傳釋詞》，《皇清經解》内有之，爾可試取一閱。其不知者，寫信來問。本朝窮經者皆精小學，大約不出段、王兩家之範圍耳。❶

咸豐九年三月初三日，清明

字諭紀澤：

三月初二日接爾二月廿日安禀，得知一切。内有賀丹麓先生墓志，字勢流美，天骨開張，覽之忻慰。惟間架間有太鬆之處，尚當加功。大抵寫字，只有用筆、結體兩端。學用筆，須多看古人墨蹟；學結體，須用油紙摹古帖。此二者，皆決不可易之理。小兒寫影本，肯用心者，不過數月，必與其摹本字相肖。吾自三十時已解古人用筆之意，只爲欠卻間架工夫，便爾作字不成體段。生平欲將柳誠懸、趙子昂兩家合爲一鑪，亦爲間架欠工夫，有志莫遂。爾以後當從間架用一番苦功，每日用油紙摹帖，或百字，或二百字，不過數

❶ 「耳」下，《湘鄉文獻》有「餘不一一」四字。

月，間架與古人逼肖而不自覺。能合柳、趙爲一，此吾之素願也。不能，則隨爾自擇一家，但不可見異思遷耳。

不特寫字宜摹仿古人間架，即作文亦宜摹仿古人間架。《詩經》造句之法，無一句無所本。《左傳》之文，多現成句調。揚子雲爲漢代文宗，而其《太玄》摹《易》，《法言》摹《論語》，《方言》摹《爾雅》，《十二箴》摹《虞箴》，《長楊賦》摹《難蜀父老》，《解嘲》摹《客難》，《甘泉賦》摹《大人賦》，《劇秦美新》摹《封禪文》，《諫不許單于朝書》摹《國策·信陵君諫伐韓》，幾於無篇不摹。即韓、歐、曾、蘇諸巨公之文，亦皆有所摹擬，以成體段。爾以後作文作詩賦，均宜心有摹仿，而後間架可立，其收效較速，其取徑較便。

前信教爾暫不必看《經義述聞》，今爾此信言業看三本，如看得有些滋味，即一直看下去，不爲或作或輟，亦是好事。惟《周禮》、《儀禮》、《大戴禮》、《公》、《穀》、《爾雅》、《國語》、《太歲考》等卷，爾向來未讀過正文者，則王氏《述聞》亦暫可不觀也。

爾思來營省覲，甚好，余亦思爾來一見。昏期既定五月廿六日，三四月間自不能來，或七月晉省鄉試，八月底來營省覲亦可。身體雖弱，處多難之世，若能風霜磨鍊，苦心勞神，亦自足堅筋骨而長識見。沅甫叔向最羸弱，近日從軍，反得壯健，亦其証也。贈伍崧生之君臣畫像乃俗本，不可爲典要。奏摺稿當鈔一目録付歸，餘詳諸叔信中。

咸豐九年三月二十三日

字諭紀澤兒：

廿二日接爾稟并《書譜敘》，以示李少荃、次青、許仙屏諸公，皆極贊美，云爾「鈎聯頓挫純用孫過庭草法，而間架純用趙法，柔中寓剛，綿裏藏鍼，動合自然」等語，余聽之亦欣慰也。

趙文敏集古今之大成。於初唐四家內師虞永興，而參以鍾紹京，因此以上窺二王，下法山谷，此一徑也；於中唐師李北海，而參以顏魯公、徐季海之沈著，此一徑也；於晚唐師蘇靈芝，此又一徑也。由虞永興以泝二王及晉六朝諸賢，世所稱南派者也；由李北海以泝歐、褚及魏、北齊諸賢，世所稱北派者也。爾欲學書，須窺尋此兩派之所以分：南派以神韻勝，❶北派以魄力勝。宋四家，蘇、黄近於南派，米、蔡近於北派。趙子昂欲合二派而匯爲一。爾從趙法入門，將來或趨南派，或趨北派，皆可不迷於所往。我先大夫竹亭公少學趙書，秀骨天成。我兄弟五人，於字皆下苦功，沅叔天分尤高。爾若能光大先業，甚望甚望！

制藝一道，亦須認真用功。鄧瀛師，名手也。爾作文，在家有鄧師批改，付營有李次青批改，此極難得，千萬莫錯過了。

付回趙書《楚國夫人碑》，可分送三先生、汪、易、葛。二外甥及爾諸堂兄弟。又舊宣紙手卷、新宣紙横幅，

---

❶ 「勝」，《湘鄉文獻》作「分」。

爾可學《書譜》，請徐柳臣一看。此囑。

咸豐九年四月二十一日

字諭紀澤：

前次於諸叔父信中，復示爾所問各書帖之目。鄉間苦於無書，然爾生今日，吾家之書，業已百倍於道光中年矣。買書不可不多，而看書不可不知所擇。以韓退之爲千古大儒，而自述其所服膺之書不過數種，曰《易》、曰《書》、曰《詩》、曰《春秋左傳》、曰《莊子》、曰《離騷》、曰《史記》、曰相如、子雲。柳子厚自述其所得，正者曰《易》、曰《書》、曰《詩》、曰《禮》、曰《春秋》，旁者曰《穀梁》、曰《孟》《荀》、曰《莊》《老》、曰《國語》、曰《離騷》、曰《史記》。二公所讀之書，皆不甚多。

本朝善讀古書者，余最好高郵王氏父子，曾爲爾屢言之矣。今觀懷祖先生《讀書雜志》中所考訂之書，曰《逸周書》、曰《戰國策》、曰《史記》、曰《漢書》、曰《管子》、曰《晏子》、曰《墨子》、曰《荀子》、曰《淮南子》、曰《後漢書》、曰《老》《莊》、曰《吕氏春秋》、曰《韓非子》、曰《楊子》、曰《楚辭》、曰《文選》，凡十六種，又別箸《廣雅疏證》一種。伯申先生《經義述聞》中所考訂之書，曰《易》、曰《書》、曰《詩》、曰《周官》、曰《儀禮》、曰《大戴禮》、曰《禮記》、曰《左傳》、曰《國語》、曰《公羊》、曰《穀梁》、曰《爾雅》，凡十二種。王氏父子之博，古今所罕，然亦不滿三十種也。

余於四書五經之外，最好《史記》、《漢書》、《莊子》、韓文四種，好之十餘年，惜不能熟讀精考。又好《通鑑》、《文選》及姚惜抱所選《古文辭類纂》、余所選《十八家詩鈔》四種，共不過十餘種。早歲篤志爲學，恒思將此十餘書貫串精通，略作劄記，仿顧亭林、王懷祖之法。今年齒衰老，時事日艱，所志不克成就，中夜思之，每用媿悔。澤兒若能成吾之志，將四書五經及余所好之八種，一一熟讀而深思之，略作劄記，以志所得，以箸所疑，則余歡欣快慰，夜得甘寢，此外別無所求矣。至王氏父子所考訂之書二十八種，凡家中所無者，爾可開一單來，余當一一購得寄回。

學問之途，自漢至唐風氣略同，自宋至明風氣略同，國朝又自成一種風氣。其尤箸者，不過顧、閻百詩、戴東原、江慎修、錢辛楣、秦味經、段懋堂、王懷祖數人，而風會所扇，群彦雲興。爾有志讀書，不必別標「漢學」之名目，而不可不一窺數君子之門徑。凡有所見所聞，隨時稟知，余隨時諭答，較之當面問答，更易長進也。

咸豐九年五月初四日

字諭紀澤：

爾作時文，❶宜先講詞藻。欲求詞藻富麗，不可不分類鈔撮體面話頭。近世文人，如袁簡齋、趙甌北、

---

❶「爾」上，據《湘鄉文獻》有「余送叔父母生日禮目，因魚翅二斤太大不好帶，改送洋帶一根。此帶頗奇，可鬆可緊，可大可小，大而星岡公之腹可用也，小而鼎二、鼎三之腰亦可用也。此二根皆送軒叔，春羅送叔母」。

吴穀人，皆有手鈔詞藻小本，此衆人所共知者。阮文達公爲學政時，搜出生童夾帶，必自加細閲，如係親手所鈔，略有條理者，即予進學；如係請人所鈔，概録陳文者，照例罪斥。阮公一代閎儒，則知文人不可無手鈔夾帶小本矣。昌黎之「記事提要、纂言鈎玄」，亦係分類手鈔小册也。

爾去年鄉試之文，太無詞藻，幾不能敷衍成篇。此時下手工夫，以分類手鈔詞藻爲第一義。爾此次復信，即將所分之類開列目録，附禀寄來。分大綱子目，如倫紀類爲大綱，則君臣、父子、兄弟爲子目；王道類爲大綱，則井田、學校爲子目。此外各門，可以類推。爾曾看過《説文》、《經義述聞》，二書中可鈔者多。此外如江慎修之《類腋》及《子史精華》、《淵鑑類函》，則可鈔者尤多矣。爾試爲之，此科名之要道，亦即學問之捷徑也，此諭。

咸豐九年六月十四日

字諭紀澤：

接爾二十九、三十號兩禀，得悉《書經注疏》看《商書》已畢。《書經注疏》頗庸陋，不如《詩經》之該博。我朝儒者，如閻百詩、姚姬傳諸公，皆辨别《古文尚書》之僞，孔安國之《傳》亦僞作也。

蓋秦燔書後，漢代伏生所傳，歐陽及大小夏侯所習，皆僅二十八篇，所謂《今文尚書》者也。厥後孔安國家有《古文尚書》，多十餘篇，遭巫蠱之事，未得立於學官，不傳於世。厥後張霸有《尚書》百兩篇，亦不傳於世。後漢賈逵、馬、鄭作《古文尚書》注解，亦不傳於世。至東晉梅賾始獻《古文尚書》并孔安國《傳》，自六朝唐宋以來承之，即今通行之本也。自吴才老及朱子、梅鼎祚、歸震川，皆疑其爲僞。至閻百詩，遂專著一書以痛辨之，名曰《疏證》，自是辨之者數十家，人人皆稱僞古文、僞孔氏也。《日知録》中略著其原委，王西莊、孫淵如、江艮庭三家，皆詳言之。《皇清經解》中皆有，❶江書不足觀。此亦六經中一大案，不可不知也。

爾讀書記性平常，此不足慮。所慮者第一怕無恒，第二怕隨筆點過一遍，并未看得明白，此卻是大病。若實看明白了，久之必得些滋味，寸心若有怡悦之境，則自略記得矣。爾不必求記，卻宜求箇明白。

鄧先生講書，仍請講《周易折中》。❷余圈過之《通鑑》，暫不必講，恐汙壞耳。爾每日起得早否？并問。此諭。

咸豐九年八月十二日，黄州

字諭紀澤兒：

接爾七月十三、廿七日兩稟并賦一篇，尚有氣勢，兹批出發還。凡作文，末數句要吉祥；凡作字，墨色要光潤。此先大夫竹亭公常以教余與諸叔父者，爾謹記之，無忘祖訓。爾問各條，分列示知：

爾問《五箴》末句「敢告馬走」。凡箴，以《虞箴》爲最古。《左傳·襄公》。其末曰：「獸臣司原，敢告僕夫。」

---

❶「皆」，原無，據《湘鄉文獻》補。
❷「請」，原作「講」，據《湘鄉文獻》改。

意以獸臣有司郊原之責，吾不敢直告之，但告其僕耳。揚子雲仿之作《州箴》，「冀州」曰：「牧臣司冀，敢告在階。」「揚州」曰：「牧臣司揚，敢告執籌。」「荆州」曰：「牧臣司荆，敢告執御。」「青州」曰：「牧臣司青，敢告執矩。」「徐州」曰：「牧臣司徐，敢告僕夫。」余之「敢告馬走」即此類也。「走」，猶僕也。見司馬遷《任安書》注，班固《賓戲》注。朱子作《敬箴》，曰「敢告靈臺」，則非僕御之類，於古人微有歧誤矣。凡箴，以官箴爲本。如韓公《五箴》、程子《四箴》、朱子各箴、范浚《心箴》之屬，皆失本義。余亦相沿失之。

爾問看注疏之法。「《書經》文義奥衍，注疏勉强牽合」二語，甚有所見。《左》疏淺近，亦頗不免。國朝如王西莊鳴盛、孫淵如星衍、江艮庭聲皆注《尚書》，顧亭林炎武、惠定宇棟、王伯申引之皆注《左傳》，皆刻《皇清經解》中。《書經》則孫注較勝，王、江不甚足取。《左傳》則顧、惠、王三家俱精。王亦有《書經述聞》，爾曾看過一次矣。大抵《十三經注疏》以三禮爲最善，《詩疏》次之，此外皆有醇有駁。爾既已看動數經，即須立志全看一過，以期作事有恒，不可半塗而廢。

爾問作字换筆之法。凡轉折之處，如「㇕㇗」「乚」之類，必須换筆，不待言矣。至並無轉折形迹亦須换筆者，如以一「横」言之，須有三换筆；ᴡ初入手，所謂直來横受也。右向上行，所謂勒也。中折而下行，所謂波也。末向上挑，所謂磔也。❶以一「直」言之，須有兩换筆。了首横入，❷所謂横來直受也；上向左行，至中腹换而右行，所謂努也。捺與横

---

❶ 此段注釋文句順序原爲「末」、「中」、「右」、「初」，據《湘鄉文獻》改。

❷ 「首」，原作「直」，據《湘鄉文獻》改。

相似，特末筆磔處更顯耳。（磔波直入）撇與直相似，特末筆更撇向外耳。（横入停之掠）凡换筆，皆以小圈識之。可以類推，凡用筆，須略帶欹斜之勢。如本斜向左，一换筆則向右矣；本斜向右，一换則向左矣。舉一反三，爾自悟取可也。

李春醴處，余擬送之八十金。若家中未先送，可寄信來。凡家中親友有慶弔事，皆可寄信，由營致情也。

咸豐九年九月二十四日

字諭紀澤：

廿一日得家書，知爾至長沙一次，何不寄安禀來營？婚期改九月十六，余甚喜慰。余老境侵尋，頗思將兒女婚嫁早早料理。袁漱六親家患咯血疾，昨專人走松江看視。若得復元，吾即思明春辦大女兒嫁事。袁鐭庵來我家時，爾禀問母親，可以吾意商之。

京中書到時，有胡刻《通鑑》一部，留家中講解，即將吾圈過一部寄來營可也。又汲古閣初印《五代史》一部，亦寄來。皮衣等件，速速寄來。吾買帖數十部，下次寄爾。此諭。

咸豐九年十月十四日

字諭紀澤兒：

接爾十九、二十九日兩禀，知喜事完畢，新婦能得爾母之歡，是即家庭之福。

我朝列聖相承，總是寅正即起，至今二百年不改。我家高曾祖考，相傳早起。吾得見竟希公、星岡公皆未明即起，冬寒起坐約一箇時辰，始見天亮。吾父竹亭公亦甫黎明即起，有事則不待黎明，每夜必起看一二次不等，此爾所及見者也。余近亦黎明即起，思有以紹先人之家風。爾既冠授室，當以早起爲第一先務，自力行之，亦率新婦力行之。

余生平坐無恒之弊，萬事無成，德無成，業無成，已可深恥矣。逮辦理軍事，自矢靡他，中間本志變化，尤無恒之大者，用爲内恥。爾欲稍有成就，須從「有恒」二字下手。

余嘗細觀星岡公儀表絶人，全在一「重」字。余行路容止，亦頗重厚，蓋取法於星岡公。爾之容止甚輕，是一大弊病。以後宜時時留心，無論行坐，均須重厚。

早起也，有恒也，重也，三者皆爾最要之務。早起是先人之家法，無恒是吾身之大恥，不重是爾身之短處，故特諄諄戒之。

吾前一信答爾所問者三條：一「字中换筆」，一「敢告馬走」，一「《注疏》得失」，言之頗詳，爾來稟何以并未提及？以後凡接我教爾之言，宜條條稟復，不可疎略。此外教爾之事，則詳於寄寅皆先生「看讀寫作」一緘中矣。此諭。

咸豐十年閏三月初四日

字諭紀澤：

初一日接爾十六日稟，澄叔已移寓新居，則黄金堂老宅，爾爲一家之主矣。昔吾祖星岡公，最講求治家之法。第一起早，[1]第二打掃潔浄，第三誠修祭祀，第四善待親族鄰里。凡親族鄰里來家，無不恭敬款接，有急必周濟之，有訟必排解之，有喜必慶賀之，有疾必問，有喪必弔。此四事之外，於讀書種菜等事，尤爲刻刻留心。故余近寫家信，常常提及書蔬魚猪四端者，蓋祖父相傳之家法也。爾現讀書無暇，此八事縱不能一一親自經理，而不可不識得此意，請朱運四先生細心經理，八者缺一不可。其誠修祭祀一端，則必須爾母隨時留心。凡器皿第一等好者，留作祭祀之用；飲食第一等好者，亦備祭祀之需。凡人家不講究祭祀，縱然興旺，亦不久長，至要，至要！

爾所論看《文選》之法，不爲無見。吾觀漢魏文人，有二端最不可及：一曰訓詁精確，二曰聲調鏗鏘。《説文》訓詁之學，自中唐以後，人多不講。宋以後説經，尤不明故訓。及至我朝巨儒，始通小學。段茂堂、王懷祖兩家，遂精研乎古人文字、聲音之本，乃知《文選》中古賦所用之字，無不典雅精當。爾若能熟讀段、王兩家之書，則知眼前常見之字，凡唐宋文人誤用者，惟六經不誤，《文選》中漢賦亦不誤也。即以爾稟中所論《三都賦》言之，如「蔚若相如，皭若君平」，以一「蔚」字該括相如之文章，以一「皭」字該括君平之道德，此雖不盡關乎訓詁，亦足見其下字之不苟矣。至聲調之鏗鏘，如「開高軒以臨山，列綺窗而瞰江」、「碧出萇弘之血，[2]鳥生杜宇之魄」、「洗兵海島，刷馬江洲」、「數軍實乎桂林之苑，饗戎旅乎落星之樓」等句，音響節奏，

---

[1] 「二」下，鴻寶南局本有「要」字。

[2] 「弘」，原作「宏」，係避乾隆諱，今回改，下同，不出校。

皆後世所不能及。爾看《文選》能從此二者用心，則漸有入理處矣。

作梅先生想已到家，爾宜恭敬款接。沅叔既已來營，則無人陪往益陽。聞胡宅專人至吾鄉迎接，即請作梅獨去可也。爾舅父牧雲先生，身體不甚耐勞，即請其無庸來營。吾此次無信，爾先致吾意，下次再行寄信，此囑。

咸豐十年四月初四日

字諭紀澤：

二十七日劉得四到，接爾禀，所謂論《文選》俱有所得，問小學亦有條理，甚以爲慰。

沅叔於二十七到宿松，初三日由宿至集賢關，將爾禀帶去矣。余不能悉記，但記爾問「穜」、「種」二字，此字段茂堂辨論甚晰，「穜」爲「埶也」，猶吾鄉言栽也，點也，插也。「種」爲「後熟之禾」。《詩》之「黍稷重穋」，《七月》、《閟宫》。《説文》作「種稑」。「種」，正字也；「重」，假借字也；「穋」與「稑」，異同字也。隸書以「穜」、「種」二字互易，今人於「耕穜」概用「種」字矣。

吾於訓詁、詞章二端，頗嘗盡心。爾看書若能通訓詁，則於古人之故訓大義、引伸假借漸漸開悟，而後人承訛襲誤之習可改；若能通詞章，則於古人之文格文氣、開合轉折漸漸開悟，而後人硬腔滑調之習可改，是余之所厚望也。嗣後爾每月作三課，一賦、一古文、一時文，皆交長夫帶至營中，每月恰有三次長夫接家信也。

吾於爾有不放心者二事：一則舉止不甚重厚，二則文氣不甚圓適。以後舉止留心一「重」字，行文留心一「圓」字，至囑。

咸豐十年四月二十四日

字諭紀澤：

十六日接爾初二日稟并賦二篇，近日大有長進，慰甚。無論古今何等文人，其下筆造句，總以「珠圓玉潤」四字爲主；無論古今何等書家，其落筆結體，亦以「珠圓玉潤」四字爲主。故吾前示爾書，專以一「重」字救爾之短，一「圓」字望爾之成也。

世人論文家之語圓而藻麗者莫如徐陵、庾信而不知江淹、鮑照則更圓，進之沈約、任昉則亦圓，進之潘岳、陸機則亦圓，又進而溯之東漢之班固、張衡、崔駰、蔡邕則亦圓，又進而溯之西漢之賈誼、鼂錯、匡衡、劉向則亦圓。至於馬遷、相如、子雲三人，可謂力趍險奥，不求圓適矣，而細讀之，亦未始不圓。至於昌黎，其志意直欲陵駕子長、卿、雲三人，戛戛獨造，力避圓熟矣，而久讀之，實無一字不圓，無一句不圓。爾於古人之文，若能從江、鮑、徐、庾四人之圓步步上溯，直窺卿、雲、馬、韓四人之圓，則無不可讀之古文矣，即無不可通之經史矣，爾其勉之。余於古人之文，用功甚深，惜未能一一達之捥下，每歉然不怡耳。

江浙賊勢大亂，江西不久亦當震動，兩湖亦難安枕。余寸心坦坦蕩蕩，豪無疑怖，爾稟告爾母，儘可放

心。人誰不死，只求臨終心無愧悔耳。家中暫不必添起雜屋，總以安静不動爲妙。❶

咸豐十年十月十六日

字諭紀澤、鴻兒：

澤兒在安慶所發各信及在黄石磯湖口之信，均已接到。鴻兒所呈擬連珠體壽文，初七日收到。

余以初九日出營，至黟縣查閲各嶺，十四日歸營，一切平安。鮑超、張凱章二軍，自廿九、初四獲勝後未再開仗。楊軍門帶水陸三千餘人至南陵，破賊四十餘壘，拔出陳大富一軍，此近日最可喜之事。英夷業已就撫，余九月六日請帶兵北援一疏，奉旨無庸前往，余得一意辦東南之事，家中儘可放心。

澤兒看書天分高，而文筆不甚勁挺，又説話太易，舉止太輕。此次在祁門，爲日過淺，未將一「輕」字之弊除盡，以後須於説話走路時刻刻留心。鴻兒文筆勁健，可慰可喜！此次連珠文，先生改者若干字？擬體繫何人主意？再行詳禀告我。

銀錢田産，最易長驕氣逸氣，我家中斷不可積錢，斷不可買田。爾兄弟努力讀書，決不怕没飯吃，至囑。澄叔處此次未寫信，爾禀告之。

---

❶ 「妙」下，據《湘鄉文獻》有「寄回銀五十兩，爲鄧先生束脩。四叔四嬸四十生日，余先寄燕窩一匣，秋羅一匹，容日續寄壽屏。甲五昏禮，余寄銀五十兩，袍褂料一付，爾即妥交。賦二篇發還」。

聞鄧世兄讀書甚有長進，頃閱賀壽之單帖、壽禀，書法清潤。兹付銀十兩，爲鄧世兄汪匯。買書之資。此次未寫信寄寅階先生，前有信留明年教書，仍收到矣。

咸豐十年十一月初四日

字諭紀澤、鴻兒：

十月廿九日接爾母及澄叔信，又棉鞋、瓜子二包，得知家中各宅平安。澤兒在漢口阻風六日，此時當已抵家。「舉止要重，發言要訒」，爾終身須牢記此二語，無一刻可忽也。余日内平安，鮑、張二軍亦平安。左軍廿二日在貴溪獲勝一次，廿九日在德興小勝一次，然賊數甚衆，尚屬可慮。普軍在建德，賊以大股往撲，祇要左、普二軍站得住，則處處皆穩矣。澤兒字天分甚高，但少剛勁之氣，須用一番苦工夫，切莫把天分自棄了。家中大小，總以起早爲第一義。澄叔處此次未寫信，爾等禀之。

咸豐十年十二月二十四日

字諭紀澤：

曾名琮來，接爾十一月廿五日禀，知十五、十七尚有兩禀未到。爾體甚弱，咳吐鹹痰，吾尤以爲慮，然總不宜服藥。藥能活人，亦能害人。良醫則活人者十之七，害人者十之三。庸醫則害人者十之七，活人者十之三。余在鄉在外，凡目所見者，皆庸醫也。余深恐其害人，故近三年來決計不服醫生所開之方藥，亦不令爾服鄉醫所開之方藥。見理極明，故言之極切，爾其敬聽而遵行之。每日飯後走數千步，是養生家第一秘訣。爾每餐食畢，可至唐家鋪一行，或至澄叔家一行，歸來大約可三千餘步，三箇月後必有大效矣。

爾看完《後漢書》，須將《通鑑》看一遍，即將京中帶回之《通鑑》，仿照余法，用筆點過可也。爾走路近略重否？説話略鈍否？千萬留心，此諭。

咸豐十一年正月初四日

字諭紀澤：

臘月廿九日接爾一稟，係十一月十四日送家信之人帶回。又由沅叔處送到爾初歸時二信，慰悉。❶霞仙先生之令弟仙逝，余於近日當寫唁信，並寄奠儀，爾當先去弔唁。

爾問文中雄奇之道。雄奇以行氣爲上，造句次之，選字又次之。然未有字不古雅而句能古雅，句不古雅而氣能古雅者。亦未有字不雄奇而句能雄奇，句不雄奇而氣能雄奇者。是文章之雄奇，其精處在行氣，其麤處全在造句選字也。余好古人雄奇之文，以昌黎爲第一，揚子雲次之。二公之行氣，本之天授。至於

---

❶「悉」下，據《湘鄉文獻》有「爾以十四日到家，而鴻兒十八日稟中言爾總在日内可到，何也？豈鴻信於十三四寫就而朱金權於十八日始署封面耶」。

人事之精能，昌黎則造句之工夫居多，子雲則選字之工夫居多。

爾問敘事誌傳之文難於行氣，是殊不然。如昌黎《曹成王碑》、《韓許公碑》，固屬千奇萬變，不可方物；即盧夫人之銘、女拏之誌，寥寥短篇，亦復雄奇崛强。爾試將此四篇熟看，則知二大二小，各極其妙矣。

爾所作《雪賦》，詞意頗古雅，惟氣勢不暢，對仗不工。兩漢不尚對仗，潘、陸則對矣，江、鮑、庾、徐則工對矣。爾宜從對仗上用工夫，此囑。

咸豐十一年正月十四日

字諭紀澤：

爾求鈔古文目録，❶下次即行寄歸。爾寫字筆力太弱，以後即常摹柳帖亦好。家中有柳書《玄祕塔》、《琅邪碑》、《西平碑》各種，爾可取《琅邪碑》，日臨百字、摹百字。臨以求其神氣，摹以倣其間架。每次家信內，各附數紙送閱。

---

❶ 「爾」上，據《湘鄉文獻》有「正月初十接爾臘月十九日一稟，十二日又由安慶寄到爾臘月初四日之稟，具知一切。長夫走路太慢，而託辭於爲營中他信繞道長沙耽閣之故，此不足信。譬如家中遣人送信至白玉堂，不能按期往返，有責之者，則曰被杉木壩、周家老屋各佃户强我送擔耽閣了，爲家主者但當嚴責送信之遲，不管送擔之真與否也，況并無佃户强令送擔乎？營中送信至家與黄金堂送信至白玉堂，遠近雖殊，其情一也」。

《左傳注疏》閲畢，即閲看《通鑑》。將京中帶回之《通鑑》，倣我手校本，將目録寫於面上。其去秋在營帶去之手校本，便中仍當寄送祁門，余常思繙閲也。

爾言鴻兒爲鄧師所賞，余甚欣慰。鴻兒現閲《通鑑》，爾亦可時時教之。爾看書天分甚高，作字天分甚高，作詩文天分略低，若在十五六歲時教導得法，亦當不止於此。今年已廿三歲，全靠爾自己紮掙發憤，父兄師長不能爲力。作詩文是爾之所短，即宜從短處痛下工夫。看書寫字爾之所長，即宜擴而充之。❶ 走路宜重，説話宜遲，常常記憶否？余身體平安，告爾母放心。

咸豐十一年正月二十四日

字諭紀澤：

正月十四發第二號家信，諒已收到。❷ 日内祁門尚屬平安。鮑春霆自初九日在洋塘獲勝後，即追賊至彭澤。官軍駐牯牛嶺，賊匪踞下隅坂，與之相持，尚未開仗。日内雨雪泥濘，寒風凛洌，氣象殊不適人意。

僞忠王李秀成一股，正月初五日圍玉山縣，初八日圍廣豐縣，初十日圍廣信府，均經官軍竭力堅守，解

---

❶ 「擴」，原作「拓」，據《湘鄉文獻》改。

❷ 「諒」，原作「亮」，據《湘鄉文獻》改。

圍以去，現竄鉛山之吴坊、陳坊等處，或由金溪以竄撫、建，或徑由東鄉以撲江西省城，皆意中之事。余囑劉養素等堅守撫、建，而省城亦預籌防守事宜。祇要李逆一股不甚擾江西腹地，黄逆一股不再犯景德鎮等處，❶三四月間安慶克復，江北可分兵來助南岸，則大局必有轉機矣。目下春季必尚有危險迭見，余當謹慎圖之，泰然處之。

余身體平安，惟齒痛時發。所選古文，已鈔目録寄歸。其中有未注明名氏者，爾可查出補注，大約不出《百三名家全集》及《文選》、《古文辭類纂》三書之外。爾問《左傳》解《詩》、《書》、《易》與今解不合。古人解經，有内傳，有外傳。内傳者，本義也；外傳者，旁推曲衍，以盡其餘義也。孔子繫《易》，《小象》則本義爲多，《大象》則餘義爲多。孟子説《詩》，亦本子貢之「因貧富而悟切磋」、子夏之「因素絢而悟禮後」，亦證餘義處爲多。《韓詩外傳》盡餘義也，《左傳》説經亦以餘義立言者多。

袁臾生之二百金，余去年曾借松江二百金送季仙九先生，此項祇算還袁宅可也。樹堂先生送爾三百金，余當面言祇受百金，爾寫信寄營酬謝，言受一璧二云云，余在營中備二百金，并爾信函交馮可也。此字並送澄叔一閲，此次不另作書矣。

❶「處」，原無，據《湘鄉文獻》補。

咸豐十一年二月十四日

字諭紀澤、鴻兒：

得正月廿四日信，知家中平安。此間軍事，自去冬十一月至今，危險異常，幸皆化險爲夷。目下惟左軍在景德鎮一帶十分可危，餘俱平安。余將以十七日移駐東流、建德。

付回銀八兩，爲我買好茶葉，陸續寄來。下手竹茂盛，屋後山内仍須栽竹，復吾父在日之舊觀。余七年在家，芟伐各竹，以倒廳不光明也。乃芟後而黑暗如故，至今悔之，故囑爾重栽之。「勞」字、「謙」字，常常記得否？

咸豐十一年三月十三日

字諭紀澤、鴻兒：

接二月廿三日信，知家中五宅平安，甚慰甚慰！余以初三日至休甯縣，即聞景德鎮失守之信。初四日寫家書託九叔處寄湘，即言此間局勢危急，恐難支持。然猶意力攻徽州，或可得手，即是一條生路。初五日進攻，强中、湘前等營在西門挫敗一次。十二日再行進攻，未能誘賊出仗。是夜二更，賊匪偷營劫村，强中、湘前等營大潰。凡去廿二營，其挫敗者八營，强中三營，老湘三營，湘前一，震字一。其幸而完全無恙者十四營，老湘六，霆三，禮二，親兵一，峰二。與咸豐四年十二月十二夜賊偷湖口水營情形相仿。此次未挫之營較多，以尋常兵事言之，此尚爲小挫，不甚傷元氣。目下值局勢萬緊之際，四面梗塞，接濟已斷，加此一挫，軍心尤大震動。所盼望者，左軍能破景德鎮、樂平之賊，鮑軍能從湖口迅速來援，事或略有轉機，否則不堪設想矣。

余自從軍以來，即懷見危授命之志。丁、戊年在家抱病，常恐溘逝牖下，渝我初志，失信於世。起復再出，意尤堅定。此次若遂不測，毫無牽戀。自念貧窶無知，官至一品，壽逾五十，薄有浮名，兼秉兵權，忝竊萬分，夫復何憾！惟古文與詩二者，用力頗深，探索頗苦，而未能介然用之，獨闢康莊。古文尤確有依據，若遽先朝露，則寸心所得遂成廣陵之散。作字用功最淺，而近年亦略有入處。三者一無所成，不無耿耿。

至行軍，本非余所長。兵貴奇而余太平，兵貴詐而余太直，豈能辦此滔天之賊。即前此屢有克捷，已爲僥倖，出於非望矣。爾等長大之後，切不可涉歷兵間。此事難於見功，易於造孽，尤易於詒萬世口實。余久處行間，日日如坐鍼氈。所差不負吾心、不負所學者，未嘗須臾忘愛民之意耳。近來閱歷愈多，深諳督師之苦。爾曹惟當一意讀書，不可從軍，亦不必作官。

吾教子弟，不離八本、三致祥。八者，曰讀古書以訓詁爲本，作詩文以聲調爲本，養親以得歡心爲本，養生以少惱怒爲本，立身以不妄語爲本，治家以不晏起爲本，居官以不要錢爲本，行軍以不擾民爲本。三者，曰孝致祥，勤致祥，恕致祥。吾父竹亭公之教人，則專重孝字，其少壯敬親，暮年愛親，出於至誠，故吾纂墓誌僅敘一事。吾祖星岡公之教人，則有八字三不信，八者曰考、寶、早、掃、書、蔬、魚、豬，三者曰僧巫、曰地仙、曰醫藥，皆不信也。處茲亂世，銀錢愈少則愈可免禍，用度愈省則愈可養福。爾兄弟奉母，除「勞」字、

「儉」字之外，别無安身之法。吾當軍事極危，輒將此二字叮囑一徧，此外亦别無遺訓之語，爾可稟告諸叔及爾母，無忘。

咸豐十一年四月初四日，東流縣

字諭紀澤：

三月卅日建德途次接澄侯弟在永豐所發一信，并爾將去省時在家所留之稟。爾到省後所寄一稟，卻於廿八日先到也。余於廿六日自祁門拔營起行，初一日至東流縣。鮑軍七千餘人於廿五日自景德鎮起行，三十日至下隅坂，因風雨阻滯，初三日始渡江，即日進援安慶，大約初八九可到。沅弟、季弟在安慶穩守十餘日，極爲平安。朱雲巖帶五百人廿四自祁門起行，初二日已至安慶助守營濠。家中儘可放心。

此次賊救安慶，取勢乃在千里以外。如湖北則破黄州，破德安，破孝感，破隨州、雲夢、黄梅、蘄州等屬，江西則破吉安，破瑞州、吉水、新淦、永豐等屬，皆所以分兵力亟肆以疲我，多方以誤我。賊之善於用兵，似較昔年更狡、更悍。吾但求力破安慶一關，此外皆不遽與之争得失。轉旋之機，只在一二月可決耳。

鄉間早起之家，蔬菜茂盛之家，類多興旺。晏起無蔬之家，類多衰弱。爾可於省城菜園中，用重價雇人至家種蔬，或二人亦可。其價若干，余由營中寄回，此囑。

咸豐十一年六月二十四日

字諭紀澤：

六月廿日唐介科回營，接爾初三日稟并澄叔一函，具悉一切。今年彗星出於北斗與紫微垣之間，漸漸南移，不數日而退出右輔與摇光之外，並未貫紫微垣，亦未犯天市也。占驗之説，本不足信。即有不祥，或亦不大爲害。

省雇園丁來家，宜廢田一二坵，用爲菜園。吾現在營課勇夫種菜，每塊土約三丈長，五尺寬，窄者四尺餘寬，務使芸草及摘蔬之時，人足行兩邊溝内，不踐菜土之内。溝寬一尺六寸，足容便桶。大小横直，有溝有澮，下雨則水有所歸，不使積潦傷菜。四川菜園極大，溝澮終歲引水長流，頗得古人井田遺法。吾鄉一家園土有限，斷無横溝，而直溝則不可少。吾鄉老農雖不甚精，猶頗認真，老圃則全不講究。我家開此風氣，將來荒山曠土盡可開墾，種百穀雜蔬之類。如種茶亦獲利極大，吾鄉無人試行，吾家若有山地，可試種之。

爾前問《説文》中逸字，今將貴州鄭子尹所箸二卷寄爾一閲，渠所補一百六十五文，皆許書本有之字，而後世脱失者也。其子知同又附考三百字，則許書本無之字，而他書引《説文》有之，知同辨爲不當有者也。爾將鄭氏父子書細閲一遍，❶則知叔重原有之字，被傳寫逸脱者實已不少。

❶「遍」，原作「編」，據鴻寶南局本改。

紀渠姪近寫篆字甚有筆力，可喜可慰！兹圈出付回。爾須教之認熟篆文，并解明偏旁本意。渠姪、湘姪要大字横扁，余即日當寫就付歸，壽姪亦當付一扁也。家中有李少温篆帖《三墳記》、《拪先塋記》，亦可尋出，呈澄叔一閱。澄弟作篆字間架太散，以無帖意故也。鄧石如先生所寫篆字《西銘》、《弟子職》之類，永州楊太守新刻一套，爾可求郭意誠姻叔搨一二分，俾家中寫篆者有所摹仿。家中有褚書《西安聖教》、《同州聖教》，爾可尋出寄營，《王聖教》亦寄來一閱，如無裱者，則不必寄也。《漢魏六朝百三家集》，京中一分，江西一分，想俱在家，可寄一部來營。

余瘡疾略好，而癬大作，手不停爬，幸飲食如常。安慶軍事甚好，大約可克復矣。此次未寫信與澄叔，爾將此呈閱，并問澄弟近好。

咸豐十一年七月十四日

字諭紀澤：

爾前寄所臨《書譜》一卷，余比送徐柳臣先生處，請其批評，初七日接渠回信，兹寄爾一閱。十三日晤柳臣先生，渠盛稱爾草字可以入古，又送爾扇一柄，兹寄回。劉世兄送《西安聖教》，兹與手卷并寄回查收。爾前用油紙摹字，若常常爲之，間架必大進。歐虞顔柳四大家，是詩家之李杜韓蘇，天地之日星江河也。爾有志學書，須窺尋四人門徑，至囑至囑。

咸豐十一年七月二十四日

字諭紀澤：

前接來稟，知爾鈔《説文》、閲《通鑑》均尚有恒，能耐久坐，至以爲慰。去年在營，余教以「看讀寫作，四者闕一不可」。爾今閲《通鑑》，算看字工夫；鈔《説文》，算讀字工夫。尚能臨帖否？或臨《書譜》，或用油紙摹歐柳楷書，以樂爾柔弱之體。此寫字工夫，必不可少者也。爾去年曾將《文選》中零字碎錦分類纂鈔，以爲屬文之材料，今尚照常摘鈔否？已卒業否？或分類鈔《文選》之詞藻，或分類鈔《説文》之訓詁，爾生平作文太少，即以此代作字工夫，亦不可少者也。爾十餘歲至二十歲虚度光陰，及今將「看讀寫作」四字逐日無間，尚可有成。爾語言太快，舉止太輕，近能力行「遲」、「重」二字以改救否？

此間軍事平安，援賊於十九、廿、廿一日撲安慶後濠，均經擊退。廿二日自巳刻起至五更止猛撲十一次，亦竭力擊退。從此當可化險爲夷，安慶可望克復矣。余癬疾未愈，每日夜手不停爬，幸無他病。皖南有左、張，江西有鮑，均可放心。目下惟安慶較險，然過廿二之風波，當無慮也。

咸豐十一年八月二十四日

字諭紀澤：

八月廿日胡必達、謝榮鳳到，接爾母子及澄叔三信，並《漢魏百三家》、《聖教序》三帖。廿二日譚在榮到，又接爾及澄叔二信，具悉一切。

蔡迎五竟死於京口江中，可異可憫，兹將其口糧三兩補去外，以銀廿兩振䘏其家。朱運四先生之母仙逝，兹寄去奠儀銀八兩。蕙姑娘之女一貞於今冬發嫁，兹付去奩儀十兩。家中可分别妥送。

大女兒擇於十二月初三日發嫁，袁家已送期來否？余向定妝奩之資二百金，❶兹先寄百金回家製備衣物，餘百金俟下次再寄。其自家至袁家途費，暨六十姪女出嫁奩儀，均俟下次再寄也。居家之道，惟崇儉可以長久。處亂世，尤以戒奢侈爲要義。衣服不宜多製，尤不宜大鑲大緣過於絢爛。爾教導諸妹敬聽父訓，自有可久之理。

牧雲舅氏書院一席，余已函託寄雲中丞，沅叔告假回長沙，當面再一提及，當無不成。

余身體平安，廿一日成服哭臨，現在三日已畢。瘡尚未好，每夜搔痒不止，幸不甚爲害。滿叔近患瘧疾，廿二日全愈矣。此次未寫澄叔信，爾將此呈閱。

咸豐十一年九月初四日

字諭紀澤：

接爾八月十四日稟，并日課一單、分類目録一紙。日課單批明發還。

❶「妝」，鴻寶南局本作「嫁」。

目録分類，非一言可盡。大抵有一種學問，即有一種分類之法。有一人嗜好，即有一人摘鈔之法。若從本原論之，當以《爾雅》爲分類之最古者。天之星辰，地之山川鳥獸草木，皆古聖賢人辨其品彙，命之以名。《書》所稱大禹「主名山川」、《禮》所稱黄帝「正名百物」是也。物必先有名而後有是字，故必知命名之原，乃知文字之原。舟車弓矢，俎豆鐘鼓，日用之具，皆先王制器以利民用，必先有器而後有是字，故又必知制器之原，乃知文字之原。君臣上下，禮樂兵刑，賞罰之法，皆先王立事以經綸天下，或先有事而後有字，或先有字而後有事，故又必知萬事之本，而後知文字之原。此三者，物最初，器次之，事又次之。三者既具，而後有文詞。《爾雅》一書，如《釋天》、《釋地》、《釋山》、《釋水》、《釋草》《木》、《釋鳥》《獸》《蟲》《魚》，物之屬也；《釋器》、《釋宫》、《釋樂》，器之屬也；《釋親》，事之屬也；《釋詁》、《釋訓》、《釋言》，文詞之屬也。

《爾雅》之分類，惟屬事者最略。後世之分類，惟屬事者最詳。事之中又判爲兩端焉：曰虚事，曰實事。虚事者，如經之三《禮》，馬之八《書》，班之十《志》，及三《通》之區别門類是也。實事者，就史鑑中已往之事蹟，分類纂記，如《事文類聚》、《白孔六帖》、《太平御覽》，及我朝《淵鑑類函》、《子史精華》等書是也。

爾所呈之目録，亦是鈔摘實事之象，而不如《子史精華》中目録之精當。余在京藏《子史精華》，温叔於廿八年帶回，想尚在白玉堂，爾可取出核對，將子目略爲減少。後世人事日多，史册日繁，摘類書者事多而器物少，乃勢所必然。爾即可照此鈔去，但期與《子史精華》規模相仿，即爲善本。其末附古語鄙諺，雖未必無用，而不如徑摘鈔《説文》訓詁，庶與《爾雅》首三篇相近也。余亦思仿《爾雅》之例鈔纂類書，以記日知月無忘之效，特患年齒已衰，軍務少暇，終不能有所成。或余少引其端，爾將來繼成之可耳。

余身體尚好，惟瘡久不愈。沅叔已拔營赴廬江、無爲州，一切平安。胡宫保仙逝，是東南大不幸事，可傷之至！紫兼豪營中無之，兹付筆廿枝、印章一包查收，藍格本下次再付。澄叔處尚未寫信，將此送閱。

咸豐十一年九月二十四日

字諭紀澤：

昨見爾所作《説文分韻解字凡例》，喜爾今年甚有長進，固請莫君指示錯處。莫君名友芝，字子偲，號郘亭，貴州辛卯舉人，學問淹雅。丁未年在琉璃廠與余相見，心敬其人。七月來營，復得鬯談。其學於考據、詞章二者皆有本原，義理亦踐修不苟。兹將渠批訂爾所作之《凡例》寄去，余亦批示數處。

又寄銀百五十兩，合前寄之百金，均爲大女兒于歸之用，以二百金辦奩具，以五十金爲程儀。家中切不可另籌銀錢，過於奢侈。遭此亂世，雖大富大貴亦靠不住，惟「勤儉」二字可以持久。又寄丸藥二小瓶，與爾母服食。

爾在家常能早起否？諸弟妹早起否？説話遲鈍、行路厚重否？宜時時省記也。

咸豐十一年十月二十四日

字諭紀澤：

初四夜接爾二十六號稟，所刻《心經》，微有《西安聖教》筆意。總要養得胸次博大活潑，此後當更有長進也。❶ 爾去年看《詩經注疏》已畢否？若未畢，自當補看，不可無恒耳。講《通鑑》即以我過筆者講之，亦可將來另購一部，爾照我之樣過筆一次可也。❷

咸豐十一年十二月十四日

字諭紀澤：

接沅叔信，知二女喜期，陳家擇於正月二十日入贅。澄叔欲於鄉間另備一屋，余意即在黃金堂成禮，或借曾家坳頭行禮，三朝後仍接回黃金堂，想爾母子與諸叔已有定議矣。兹寄回銀二百兩，爲二女奩資。外五十金爲酒席之資，俟下次寄回。亦於此次寄矣。

浙江全省皆失，賊勢浩大，迥異往時氣象。鮑軍在青陽，亦因賊衆兵單未能得手。徽州近又被圍，余任大責重，憂悶之至。瘡癬並未少減，每當痛痒極苦之時，常思與爾母子相見。因賊氛環逼，不敢遽接家眷。又以羅氏女須嫁，紀鴻須出考，且待明春察看。如賊燄少衰，安慶無虞，則接爾母帶紀鴻來此一行，爾夫婦與陳壻在家照料一切。若賊氛日甚，則仍接爾來此一行。明年正二月，再有准信。紀鴻縣府各考，均須請

---

❶ 「當更」，原作「更當」，據《湘鄉文獻》乙正。

❷ 「也」下，據《湘鄉文獻》有「馮樹堂師詩草曾寄訾矣。爾復信言十二年進京程資不敢領。新寫『閎深肅穆』四扁字，搨一分付回。餘不多及」。

鄧師親送。澄叔前言紀鴻至書院讀書，則斷不可。

前蒙恩賜遺念衣一、冠一、搬指一、表一，兹用黄箱送回，宣宗遺念衣一、玉佩一，亦可藏此箱内。敬謹尊藏，此囑。

同治元年正月十四日

字諭紀澤：

正月十三四連接爾十二月十六、廿四兩稟，又得澄叔十二月廿二日一緘，爾母十六日一緘，❶備悉一切。爾詩一首閲過發回，爾詩筆遠勝於文筆，以後宜常常爲之。余久不作詩，而好讀詩，每夜分輒取古人名篇，高聲朗誦，用以自娱。今年亦當間作二三首，與爾曹相和答，仿蘇氏父子之例。

爾之才思，能古雅而不能雄駿，大約宜作五言而不宜作七言。余所選《十八家詩》凡十厚册，在家中，此次可交來丁帶至營中。爾要讀古詩，漢魏六朝取余所選曹阮陶謝鮑謝六家，專心讀之，必與爾性質相近。至於開拓心胸，擴充氣魄，窮極變態，則非唐之李杜韓白、宋金之蘇黄陸元八家不足以盡天下古今之奇觀。爾之質性雖與八家者不相近，而要不可不將此八人之集悉心研究一番。實六經外之鉅製，文字中之尤物也。爾於小學麤有所得，深用爲慰。欲讀周漢古書，非明於小學無可問津。余於道光末年始好高郵王氏父

❶「爾母十六日一緘」，原無，據《湘鄉文獻》補。

子之説，從事戎行未能卒業，冀爾竟其緒耳。

余身體尚可支持，惟公事太多，每易積壓，癬痒迄未甚愈。家中索用銀錢甚多，其最要緊者余必付回。京報在家，不知係報何喜？若節制四省，則余已兩次疏辭矣。此等空空體面，豈亦有喜報耶？❶

同治元年二月十四日

字諭紀澤：

二月十三日接正月廿三日來稟，并澄侯叔一信，知五宅平安，二女正月廿日喜事諸凡順遂，至以爲慰。此間軍事如恒。徽州解圍後賊退不遠，亦未再來犯。左中丞進攻遂安，以爲攻嚴州保衢州之計。鮑春霆頓兵青陽，近未開仗。洪叔在三山夾，收降卒三千人，編成四營。沅叔初七日至漢口，十五後當可抵皖。李希帥初九日至安慶，三月初赴六安州。多禮堂進攻廬州，賊堅守不出。上海屢次被賊撲犯，洋人助守，尚幸無恙。

余身體平安，今歲間能成寐，爲近年所僅見。惟聖眷太隆，責任太重，深以爲危。知交有識者亦皆代我危之，只好刻刻謹慎，存一臨深履薄之想而已。今年縣考在何時？鴻兒赴考須請寅師往送，寅師父子一切

---

❶「耶」下，據《湘鄉文獻》有「葛家信一封、扁字四個付回，澄叔處此次未寫信，爾將此呈閲」。

盤費，皆我家供應也。❶

同治元年三月十四日

字諭紀澤：

三月十三日接爾二月廿四日安禀，并澄叔信，具悉五宅平安。爾至葛家送親後，又須至瀏陽送陳壻夫婦，又須趕回黄宅送親，又須接辦羅氏女喜事。今年春夏爾在家中，比余在營更忙。然古今文人學人，莫不有家常瑣事之勞其身，莫不有世態冷暖之攖其心。爾現當家門鼎盛之時，炎凉之狀不接於目，衣食之謀不縈於懷，雖奔走煩勞，猶遠勝於寒士困苦之境也。

爾母咳嗽不止，其病當在肺家。兹寄去好參四錢五分，高麗參半斤好者，如試之有效，當託人到京再買也。余近久不吃丸藥，每月兩逢節氣，服歸脾湯三劑。邇來渴睡甚多，不知是好是歹。

軍事平安，鮑公於初七日在銅陵獲一大勝仗，少荃坐火輪船於初八日赴上海，其所部六千五百人當陸續載去。希庵所派救潁州之兵，潁郡於初五日解圍。

第三女於四月廿二日于歸羅家，兹寄去銀二百五十兩，查收。餘不詳，即呈澄叔一閱，此囑。

❶「也」下，據《湘鄉文獻》有「共需若干，爾付信來，由營寄回。七十姪女于歸，寄去銀百兩、褂料一件并裏裙料一件。爾所需筆墨等件付回，照單查收。此信并呈澄叔一閱，不另具」。

同治元年四月初四日

字諭紀澤：

連接爾十四、廿二日在省城所發禀，知二女在陳家，門庭雍睦，衣食有資，不勝欣慰。

爾累月奔馳酬應，猶能不失常課，當可日進無已。人生惟有常是第一美德。余早年於作字一道，亦嘗苦思力索，終無所成。近日朝朝摹寫，久不間斷，遂覺月異而歲不同。可見年無分老少，事無分難易，但行之有恒，自如種樹畜養，日見其大而不覺耳。

爾之短處在言語欠鈍訥，舉止欠端重，看書能深入而作文不能峥嶸。若能從此三事上下一番苦工，進之以猛，持之以恒，不過一二年，自爾精進而不覺。言語遲鈍，舉止端重，則德進矣。作文有峥嶸雄快之氣，則業進矣。爾前作詩，差有端緒，近亦常作否？李杜韓蘇四家之七古，驚心動魄，曾涉獵及之否？

此間軍事，近日極得手。鮑軍連克青陽、石埭、太平、涇縣四城，沅叔連克巢縣、和州、含山三城暨銅城閘、雍家鎮、裕溪口、西梁山四隘，滿叔連克繁昌、南陵二城暨魯港一隘。現仍穩慎圖之，不敢驕矜。

余近日瘡癬大發，與去年九十月相等。公事叢集，竟日忙冗，尚多積閣之件。所幸飲食如常，每夜安眠或二更三更之久，不似往昔徹夜不寐，家中可以放心。此信并呈澄叔一閱，不另致也。

同治元年四月二十四日

字諭紀澤、鴻：

今日專人送家信，甫經成行，又接王輝四等帶來四月初十之信，爾與澄叔各一件，藉悉一切。

爾近來寫字，總失之薄弱，骨力不堅勁，墨氣不豐腴，與爾身體向來「輕」字之弊正是一路毛病。爾當用油紙摹顔字之《郭家廟》、柳字之《琅琊碑》《玄秘塔》，以藥其病。日日留心，專從「厚重」二字上用工。否則字質太薄，即體質亦因之更輕矣。

人之氣質由於天生，本難改變，惟讀書則可變化氣質。古之精相法并言，讀書可以變换骨相。欲求變之之法，總須先立堅卓之志。即以余生平言之，三十歲前最好吃煙，片刻不離，至道光壬寅十一月廿一日立志戒煙，至今不再吃。四十六歲以前作事無恒，近五年深以爲戒，現在大小事均尚有恒。即此二端，可見無事不可變也。爾於「厚重」二字，須立志變改。古稱「金丹换骨」，余謂立志即「丹」也。❶此囑。

同治元年五月十四日

字諭紀澤：

---

❶ 「也」下，據《湘鄉文獻》有「滿叔回信係忘送，故特由驛補發」。

接爾四月十九日一稟，得知五宅平安。爾《説文》將看畢，擬先看各經注疏，再從事於詞章之學。余觀漢人詞章，未有不精於小學訓詁者。如相如、子雲、孟堅於小學皆專著一書，《文選》於此三人之文著録最多。余於古文，志在效法此三人并司馬遷、韓愈五家，以此五家之文，精於小學訓詁，不妄下一字也。爾於小學既粗有所見，正好從詞章上用功。《説文》看畢之後，可將《文選》細讀一過，一面細讀，一面鈔記，一面作文以仿效之。凡奇僻之字，雅故之訓，不手鈔則不能記，不摹仿則不慣用。自宋以後，能文章者不通小學。❶國朝諸儒，通小學者又不能文章。余早歲窺此門徑，因人事太繁，又久歷戎行，不克卒業，至今用爲疚憾。爾之天分長於看書，短於作文。此道太短，則於古書之用意行氣，必不能看得諦當。目下宜從短處下工夫，專肆力於《文選》，手鈔及摹仿二者皆不可少。待文筆稍有長進，則以後詁經讀史，事事易於著手矣。

此間軍事平順。沅、季兩叔皆直逼金陵城下，茲將沅信二件寄家一閲。惟沅、季兩軍進兵太鋭，後路蕪湖等處空虚，頗爲可慮。余現籌兵補此瑕隙，不知果無疎失否。

余身體平安，惟公事日繁，應復之信積閣甚多，餘件尚能料理，家中可以放心。此信送澄叔一閲。余思家鄉茶葉甚切，迅速付來爲要。

---

❶「通」，原作「過」，據《湘鄉文獻》改。

同治元年五月二十四日

字諭紀澤：

二十日接家信，係爾與澄叔五月初二所發，廿二日又接澄侯衡州一信，具悉五宅平安，三女嫁事已畢。爾信極以袁壻爲慮，余亦不料其遽爾學壞至此。余即日當作信教之，爾等在家卻不宜過露痕蹟。人所以稍顧體面者，冀人之敬重也。若人之傲惰鄙棄業已露出，則索性蕩然無恥，拚棄不顧，甘與正人爲仇，而以後不可救藥矣。我家内外大小，於袁壻處禮貌均不可疏忽。若久不悛改，將來或接至皖營，延師教之亦可。大約世家子弟，錢不可多，衣不可多，事雖至小，所關頗大。

此間各路軍事平安。多將軍赴援陝西，沅、季在金陵孤軍無助，不無可慮。湖州於初三日失守，鮑攻甯國，恐難遽克。安徽亢旱，頃間三日大雨，人心始安。穀即在長沙采買，以後澄叔不必罣心。此次不另寄澄信，爾稟告之，此囑。

同治元年五月二十七日

字諭紀鴻：

前聞爾縣試幸列首選，爲之欣慰。所寄各場文章，亦皆清潤大方。昨接易芝生先生十三日信，知爾已到省。城市繁華之地，爾宜在寓中静坐，不可出外游戲徵逐。

兹余函商郭意城先生，在於東征局兑銀四百兩，交爾在省爲進學之用。❶ 印卷之費，向例兩學及學書共三分，爾每分宜送錢百千。鄧寅師處謝禮百兩，鄧十世兄處送銀十兩，助渠買書之資。餘銀數十兩，爲爾零用及略添衣物之需。

凡世家子弟，衣食起居無一不與寒士相同，庶可以成大器。若沾染富貴氣習，則難望有成。吾忝爲將相，而所有衣服不值三百金，願爾等常守此儉樸之風，亦惜福之道也。其照例應用之錢，不宜過嗇。謝廩保須二十千，❷賞號亦略豐。謁聖後拜客數家，即行歸里。今年不必鄉試，一則爾工夫尚早，二則恐體弱難耐勞也。此諭。

同治元年七月十四日

字諭紀澤：

曾代四、王飛四先後來營，接爾二十日、廿六日兩稟，具悉五宅平安。

《和張邑侯》詩，音節近古，可慰可慰！五言詩若能學到陶潛、謝朓一種沖淡之味，和諧之音，亦天下之至樂，人間之奇福也。爾既無志於科名禄位，但能多讀古書，時時哦詩作字，以陶寫性情，則一生受用不盡。

---

❶ 「用」下，據《湘鄉文獻》有「如郭不在省，爾將此信至易芝生先生處借銀亦可」。

❷ 「須」，原無，據《湘鄉文獻》補。

第宜束身圭璧，法王羲之、陶淵明之襟韻蕭灑則可，法嵇、阮之放蕩名教則不可耳。

希庵丁艱，余即在安慶送禮，寫四兄弟之名，家中似可不另送禮。或鼎三姪另送禮物，亦無不可，然只可送祭席輓幛之類，銀錢則斷不必送，爾與四叔父、六嬸母商之。希庵到家之後，我家須有人往弔，或四叔、或爾去皆可，或目下先去亦可。

近年以來，爾兄弟讀書所以不甚躭閣者，全賴四叔照料大事，朱金權照料小事。兹寄回鹿茸一架、袍褂料一付，寄謝四叔。麗參三兩、銀十二兩，寄謝金權。又袍褂料一付，補謝寅皆先生。爾一一妥送。家中賀喜之客，請金權恭敬款接，不可簡慢，至要至要！

賢五先生請余作傳，稍遲寄回。此次未寫覆信，爾先告之。家中有殿板《職官表》一書，余欲一看，便中寄來。鈔本《國史·文苑》、《儒林傳》尚在否？查出稟知，此囑。

同治元年八月初四日

字諭紀澤：

接爾七月十一日稟并澄叔信，具悉一切。鴻兒十三日自省起程，想早到家？

此間諸事平安，沅、季二叔在金陵亦好，惟疾疫頗多。前建清醮，後又陳龍鐙獅子諸戲，仿古大儺之禮，不知少愈否？鮑公在甯國招降童容海一股，收用者三千人，餘五萬人悉行遣散，每人給錢一千。鮑公辦妥此事，即由高淳東壩會剿金陵。希帥由六安回省，初三已到。久病之後，加以憂戚，氣象黑瘦，咳嗽不止，殊爲可慮。本日接奉諭旨，不准請假回籍，賞銀八百，飭地方官照料。聖恩高厚，無以復加。而希帥思歸極切，觀其病象，亦非回籍静養斷難痊愈，渠日内擬自行具摺陳情也。

爾所作《擬莊》三首，能識名理，兼通訓詁，慰甚慰甚！余近年頗識古人文章門徑，而在軍鮮暇，未嘗偶作，一吐胸中之奇。爾若能解《漢書》之訓詁，參以《莊子》之詼詭，則余願償矣。至行氣爲文章第一義。卿雲之跌宕，昌黎之倔强，尤爲行氣不易之法，爾宜先於韓公倔强處揣摩一番。

京中帶回之書，有《謝秋水集》，名文洊，國初南豐人。可交來人帶營一看。澄叔處未另作書，將此呈閲。

同治元年閏八月二十四日

字諭紀澤：

日内未接家信，想五宅平安，爲慰。

此間近狀如常，各軍士卒多病，迄未少愈。甘子大至甯國一行，歸即一病不起。許吉齋座師之世兄名敬身號藻卿者，遠來訪我，亦數日物故。幸楊、鮑兩軍門皆有轉機，張凱章聞亦少瘥。三公無他故，則大局尚可爲也。

沅叔營中病者亦多，沅意欲奏調多公一軍回援金陵。多公在秦，正當緊急之際，焉能東旋？且沅、季共帶二萬餘人，僅保營盤，亦無請援之理。惟祝病卒漸愈，禁得此次風浪，則此後普成坦途矣。

李希庵於閏八月廿三日安慶開行，奔喪回里，唐義渠即於是日到皖。兩公於余處皆以長者之禮見待，公事豪無掣肘，余亦推誠相與，豪無猜疑。皖省吏治，或可漸有起色。

余近日癬疾復發，不似去秋之甚。眼蒙則逐日增劇，夜間幾不復能看字，老態相催，固其理也。❶

同治元年九月十四日

字諭紀澤：

接爾閏月稟，知澄叔尚在衡州未歸，家中五宅平安，至以爲慰。

此間連日惡風驚浪。僞忠王在金陵苦攻十六晝夜，經沅叔多方堅守，得以保全。僞侍王初三、四亦至。現在金陵之賊數近二十萬，業經守二十日，或可化險爲夷。兹將沅叔初九、十與我二信寄歸外，又有大夫第信，一慰家人之心。

鮑春霆移紮距甯郡城二十里之高祖山，雖病弁太多，十分可危，然凱軍在城主守，春霆在外主戰，或足禦之。惟甯國縣城於初六日失守，恐賊猛撲徽州、旌德、祁門等城，又恐其由間道逕竄江西，殊可深慮。

余近日憂灼，迥異尋常氣象，與八年春間相類。蓋安危之機，關係太大，不僅爲一己之身名計也。但願沅、霆兩處倖保無恙，則他處尚可徐徐補救。此信送澄叔一閱，不詳。

❶「也」下，據《湘鄉文獻》有「餘不一一，此信可送澄叔一閱」。

同治元年十月初四日

字諭紀澤：

旬日未接家信，不知五宅平安如常否？此間軍事，金柱關、蕪湖及水師各營，已有九分穩固可靠；金陵沅叔一軍，已有七分可靠；甯國鮑、張各軍，尚不過五分可靠。

此次風波之險，迥異尋常，余憂懼太過，似有怔忡之象。每日無論有信與無信，寸心常若皇皇無主。前此專慮金陵沅、季大營或有疎失，近日金陵已穩，而憂皇戰慄之象不爲少減，自是老年心血虧損之症。

欲爾再來營中省視，父子團聚一次。一則或可少解怔忡病症，二則爾之學問亦可稍進。或今冬起行，或明年正月起行，禀明爾母及澄叔行之。爾在此住數月歸去，再令鴻兒來此一行。寅皆先生明年定在大夫第教書，鴻兒隨之受業。金二外甥有志向學，爾可帶之來營。餘詳日記中，此諭。

同治元年十月十四日

字諭紀澤：

十月初十日接爾信與澄叔九月廿日縣城發信，具悉五宅平安，希庵病亦漸好，至以爲慰。

此間軍事，金陵日就平穩，不久當可解圍。沅叔另有一信，余不贅告。鮑軍日内甚爲危急，賊於灣沚渡過河西，梗塞霆營糧路。霆軍當士卒大病之後，布置散漫，衆心頗怨，深以爲慮。鮑若不支，則張凱章困於甯國郡城之内，亦極可危。如天之福，甯國亦如金陵之轉危爲安，則大幸也。

爾從事小學《説文》，行之不倦，極慰極慰！小學凡三大宗：言字形者以《説文》爲宗，古書惟大、小徐二本，至本朝而段氏特開生面，而錢坫、王筠、桂馥之作亦可參觀；言訓詁者以《爾雅》爲宗，古書惟郭注、邢疏，至本朝而邵二雲之《爾雅正義》、王懷祖之《廣雅疏證》、郝蘭臯之《爾雅義疏》皆稱不朽之作；言音韻者以《唐韻》爲宗，古書惟《廣韻》、《集韻》，至本朝而顧氏《音學五書》乃爲不刊之典，而江慎修、戴東原、段茂堂、王懷祖、孔巽軒、江晉三諸作亦可參觀。爾欲於小學鑽研古義，則三宗如顧、江、段、邵、郝、王六家之書，均不可不涉獵而探討之。

余近日心緒極亂，心血極虧，其慌忙無措之象，有似咸豐八年春在家之時，而憂灼過之，甚思爾兄弟來此一見，不知爾何日可來營省視？仰觀天時，默察人事，此賊竟無能平之理。但求全局不遽決裂，余能速死，而不爲萬世所痛駡，則幸矣。❶

同治元年十月二十四日

字諭紀澤、鴻：

日内未接家信，想五宅平安。此間軍事，金陵於初五日解圍，營中一切平安，惟滿叔有病未愈。目下危

❶ 「矣」下，據《湘鄉文獻》有「此信送澄叔一閲，不另致」。

急之處有三：一係甯國鮑、張兩軍糧路已斷，外無援兵；一係旌德朱品隆一軍被賊圍撲，糧米亦缺；一係九洑洲之賊竄過北岸，恐李世忠不能抵禦。大約此三處者，斷難倖全。

余兩月以來，十分憂灼，牙疼殊甚。心緒之惡，甚於八年春在家、十年春在祁門之狀。爾明年新正來此，父子一敘，或可少紓憂鬱。

爾近日走路身體略覺厚重否？說話略覺遲鈍否？鴻兒近學作試帖詩否？袁氏壻近常在家否？爾若來此，或帶袁壻與金二外甥同來亦好。❶

同治元年十一月初四日

字諭紀澤：

廿九接爾十月十八在長沙所發之信，十一月初一又接爾初九日一稟，并與左鏡和唱酬詩及澄叔之信，具悉一切。

爾詩胎息近古，用字亦皆的當。惟四言詩最難有聲響有光芒，雖《文選》韋孟以後諸作，亦復爾雅有餘，精光不足。揚子雲之《州箴》、❷《百官箴》諸四言，刻意摹古，亦乏作作之光、淵淵之聲。余生平於古人四

❶ 「好」下，據《湘鄉文獻》有「澄叔處未另致」六字。

❷ 「揚」，原作「楊」，據《湘鄉文獻》改。

言，最好韓公之作。如《祭柳子厚文》、《祭張署文》、《進學解》、《送窮文》諸四言，固皆光如皎日，響如春霆。即其他凡墓志之銘詞及集中如《淮西碑》、《元和聖德》各四言詩，亦皆於奇崛之中迸出聲光。其要不外意義層出，筆仗雄拔而已。自韓公而外，則班孟堅《漢書・敘傳》一篇，亦四言中之最雋雅者。爾將此數篇熟讀成誦，則於四言之道自有悟境。

鏡和詩雅潔清潤，實爲吾鄉罕見之才，但亦少奇矯之致。凡詩文欲求雄奇矯變，總須用意有超群離俗之想，乃能脱去恒蹊。爾前信讀《馬汧督誄》，謂其沈鬱似《史記》，極是極是！余往年亦篤好斯篇。爾若於斯篇及《蕪城賦》、《哀江南賦》、《九辨》、《祭張署文》等篇吟翫不已，則聲情自茂，文思汩汩矣。

此間軍事危迫異常，九洑洲之賊紛竄江北，巢縣、和州、含山俱有失守之信。余日夜憂灼，智盡能索，一息尚存，憂勞不懈，它非所知耳！

爾行路漸重厚否？紀鴻讀書有恒否？至爲廑念。餘詳日記中。❶

同治元年十一月二十四日

字諭紀澤：

廿二、三日連寄二信與澄叔，驛遞長沙轉寄，想俱接到。季叔賫志長逝，實堪傷慟。沅叔之意，定以季

---

❶ 「中」下，據《湘鄉文獻》有「此次澄叔處無信，爾詳禀告」。

櫬葬馬公塘，與高軒公合塚。爾即可至北港迎接，一切築墳等事禀問澄叔，必恭必慤。俟季叔葬事畢，再來皖營可也。

爾現用油紙摹帖否？字乏剛勁之氣，是爾生質短處，以後宜從「剛」字、「厚」字用功，特囑。

同治元年十二月十四日

字諭紀澤：

十一日接十一月廿二日來禀，内有鴻兒詩四首。十二日又接初五日來禀，其時爾初自長沙歸也。兩次皆有澄叔之信，具悉一切。

韓公五言詩本難領會，爾且先於怪奇可駭處、詼諧可笑處細心領會。可駭處，如詠落葉，則曰「謂是夜氣滅，望舒霣其圓」；詠作文，則曰「蛟龍弄角牙，造次欲手攬」。可笑處，如詠登科，則曰「儕輩妬且熱，喘如竹筒吹」；詠苦寒，則曰「羲和送日出，恇怯頻窺覘」。爾從此等處用心，可以長才力，亦可添風趣。

鴻兒試帖，大方而有清氣，易於造就，即日批改寄回。

季叔奉初六恩旨追贈按察使，照按察使軍營病故例議卹，可稱極優，兹將諭旨録歸。此間定於十九日開弔，二十日發引，同行者爲厚四、甲二、甲六、葛睪山、江龍三諸族戚，又有員弁親兵等數十人送之，大約二月可到湘潭。葬期若定二月底三月初，必可不誤。

下游軍事漸穩。北岸蕭軍於初十日克復運漕。鮑軍糧路雖不甚通，而賊實不悍，或可勉强支持。此信送澄叔一閱。❶

❶「閲」下，據《湘鄉文獻》有「外馮春皋對一付查收」。

曾文正公家訓卷下

同治二年正月二十四日

字諭紀澤：

蕭開二來，接爾正月初五日稟，得知家中平安。羅太親翁仙逝，當寄奠儀五十金、祭幛一軸，下次付回。

羅壻性情乖戾，與袁壻同爲可慮，❶然此無可如何之事，不知平日在三女兒之前亦或暴戾不近人情否。❷爾當諄囑三妹，柔順恭謹，不可有片語違忤。三綱之道，君爲臣綱，父爲子綱，夫爲妻綱，是地維所賴以立，天柱所賴以尊。故傳曰：「君，天也；父，天也；夫，天也。」《儀禮》記曰：「君，至尊也；父，至尊也；夫，至尊也。」君雖不仁，臣不可以不忠；父雖不慈，子不可以不孝；夫雖不賢，妻不可以不順。吾家讀書居官，世守禮義，爾當詰戒大妹、三妹忍耐順受。吾於諸女妝奩甚薄，然使女果貧困，吾亦必周濟而覆育之。目下陳家微窘，袁家、羅家并不憂貧，爾諄勸諸妹，以能耐勞忍氣爲要。吾服官多年，亦常在「耐勞忍氣」四

❶「乖戾與袁壻同爲」，原無，據《湘鄉文獻》補。
❷「不知平日在三女兒之前亦或暴戾不近人情否」，原無，據《湘鄉文獻》補。

字上做工夫也。

此間近狀平安。自鮑春霆正月初六日涇縣一戰後，❶各處未再開仗。春霆營士氣復旺，米糧亦足，應可再振。僞忠王復派賊數萬續渡江北，非希庵與江味根等來，恐難得手。

余牙疼大愈。日内將至金陵一晤沅叔。此信送澄叔一閱，不另致。

同治二年二月二十四日，泥汊舟次

字諭紀澤：

二月二十一日在運漕行次，接爾正月二十二日、二月初三日兩禀，并澄叔兩信，具悉家中五宅平安。大姑母及季叔葬事，此時均當完畢。

爾在團山嘴橋上跌而不傷，極幸極幸！聞爾母與澄叔之意，欲修石橋，爾寫禀來，由營付歸可也。《禮》云：「道而不徑，舟而不游。」古之言孝者，專以保身爲重。鄉間路窄橋孤，嗣後吾家子姪，凡遇過橋，無論轎馬，均須下而步行。

吾本意欲爾來營見面，因遠道風波之險，不復望爾前來。且待九月霜降水落，風濤性定，再行寄諭定奪。目下爾在家飽看群書，兼持門户，處亂世而得寬閒之歲月，千難萬難，爾切莫錯過此等好光陰也。

❶「此間近狀平安自」，原無，據《湘鄉文獻》補。

余以十六日自金陵開船而上，❶沿途閲看金柱關、東西梁山、裕溪口、運漕、無爲州等處，軍心均屬穩固，布置亦尚妥當，惟兵力處處單薄，不知足以禦賊否。余再至青陽一行，月杪即可還省。南岸近亦喫緊，廣匪兩股竄撲徽州，古、賴等股竄擾青陽，其志皆在直犯江西以營一飽，殊爲可慮。

澄叔不願受沅之貤封，余當寄信至京，停止此舉，以成澄志。爾讀書有恒，余歡慰之至。第所閲日博，亦須劄記一二條，以自考證。脚步近稍穩重否？常常留心，此囑。❷

同治二年三月初四日

字諭紀澤：

接爾二月十三日稟并《聞人賦》一首，具悉家中各宅平安。爾於小學訓詁頗識古人源流，而文章又窺見漢魏六朝之門徑，欣慰無已！余嘗怪國朝大儒如戴東原、錢辛楣、段懋堂、王懷祖諸老，其小學訓詁實能超越近古，直逼漢唐，而文章不能追尋古人深處，達於本而閡於末，知其一而昧其二，頗覺不解。私竊有志，欲以戴、錢、段、王之訓詁，發爲班、張、左、郭之文章，晉人左思、郭璞小學最深，文章亦逼兩漢，潘、陸不及也。久事戎行，斯願莫遂。若爾曹能成我未竟之志，則至樂莫大乎是。即日當批改付歸。

❶「而」，《湘鄉文獻》作「西」。

❷「囑」下，據《湘鄉文獻》有「澄叔此次未另寫信，將此稟告」。

爾既得此津筏，以後更當專心壹志，以精確之訓詁，作古茂之文章。由班、張、左、郭，上而揚、馬，而《莊》、《騷》，而六經，靡不息息相通；下而潘、陸，而任、沈，而江、鮑、徐、庾，則詞愈雜氣愈薄，而訓詁之道衰矣。至韓昌黎出，乃由班、張、揚、馬而上躋六經，其訓詁亦甚精當。爾試觀《南海神廟碑》、《送鄭尚書序》諸篇，則知韓文實與漢賦相近；又觀《祭張署文》、《平淮西碑》諸篇，則知韓文實與《詩經》相近。近世學韓文者，皆不知其與揚、馬、班、張一鼻孔出氣。爾能參透此中消息，則幾矣。

爾閱看書籍頗多，然成誦者太少，亦是一短。嗣後宜將《文選》最愜意者熟讀，以能背誦爲斷。如《兩都賦》、《西征賦》、《蕪城賦》及《九辯》、《解嘲》之類，皆宜熟讀。《選》後之文，如《與楊遵彥書》徐、《哀江南賦》庾亦宜熟讀。又經世之文如馬貴與《文獻通考》序二十四首，天文如丹元子之《步天歌》，《文獻通考》載之，《五禮通考》載之。地理如顧祖禹之《州域形勢敘》，見《方輿紀要》首數卷，低一格者不必讀，高一格者可讀，其排列某州某郡無文氣者亦不必讀。以上所選文七篇三種，爾與紀鴻兒皆當手鈔熟讀，互相背誦，將來父子相見，余亦課爾等背誦也。

爾擬以四月來皖，余亦甚望爾來，教爾以文。惟長江風波頗不放心，又恐往返途中拋荒學業，爾稟請爾母及澄叔酌示。如四月起程，則只帶袁壻及金二甥同來。如八九月起程，則奉母及弟妹妻女合家同來。到皖住數月，孰歸孰留，再行商酌。

目下皖北賊犯湖北，皖南賊犯江西，今年上半年必不安靜，下半年或當稍勝。爾若於四月來謁，舟中宜十分穩慎。如八月來，則余派大船至湘潭迎接可也。

同治二年三月十四日

字諭紀澤：

頃接爾稟及澄叔信，知余二月初四在蕪湖下所發二信同日到家，季叔與伯姑母葬事皆已辦妥。爾自櫧山歸來，俗務應稍減少。

此間近日軍事最急者，惟石澗埠毛竹丹、劉南雲營盤被圍，自初三至初十，晝夜環攻，水洩不通。次則黄文金大股由建德竄犯景德鎮。余本檄鮑軍救援景鎮，因石澗埠危急，又令鮑改援北岸，沅叔亦撥七營援救石澗埠。只要守住十日，兩路援兵皆到，必可解圍。又有捻匪由湖北下竄安慶，必須安排守城事宜。各路交警，應接不暇。幸身體平安，尚可支持。

《聞人賦》圈批發還。爾能抗心希古，大慰余懷。紀鴻頗好學否？爾説話走路比往年較遲重否？付去高麗參一斤，備家中不時之需。又付銀十兩，爾託櫧山爲我買好茶葉若干斤。去年寄來之茶，不甚好也。此信送與澄叔一看，不另寄。奏章諭旨一本查收。

同治二年五月十八日

字諭紀鴻：

接爾稟件，知家中五宅平安，子姪讀書有恒，爲慰。

爾問今年應否往過科考？爾既作秀才，凡歲考、科考，均應前往入場，此朝廷之功令，士子之職業也。惟爾年紀太輕，余不放心。若鄧師能晉省送考，則爾凡事有所禀承，甚好甚好！若鄧師不赴省，則爾或與易芝生先生同住，或隨罣山、鏡和、子祥諸先生同伴，總須得一老成者照應一切，乃爲穩妥。

爾近日常作試帖詩否？場中細檢一番，無錯平仄，無錯擡頭也。此次未寫信與澄叔，爾爲禀告。

同治二年七月十二日

丹閣十叔大人閣下：

前奉賜函，敬審福履康愉，闔潭多祜，至爲慶慰。

此間軍事，自去秋以至今春，危險萬狀。四月以後，巢、和、二浦次第克復，奪回九洑洲要隘，江北肅清，大局極有轉機。不料苗逆復叛，占踞數城，一波未平，一波復起。而各軍疾疫大作，死亡相屬，幾與去秋相等。餉項奇絀，醫藥無資，茫茫天意不知何日果遂厭亂也。

姪身體粗適，牙齒脱落一箇，餘亦動摇不固，此外視聽眠食未改五十以前舊態。自以菲材久竊高位，兢兢慄慄，惟是不貪安逸，不圖豐豫，以是報聖主之厚恩，即以爲稍惜祖宗之餘澤。

上年恭遇兩次覃恩，已將本身應得封典貤封伯祖父重五公暨中和公、伯祖母彭太夫人暨蕭太夫人，兹將誥軸專盛四送回，即求告知任尊叔及芝圃、榮發、厚一、厚四諸弟，敬謹收藏。焚黄告墓之日，子姓悉與於祭，兹各寄二十金，少助祭席之資。又參枝、對聯、書帖等微物，略將鄙忱，伏乞哂存。

左君辦硝之事，因採辦諸人在各縣挖牆拆屋，紛紛釀成控案，東征局司道乃詳請概歸官辦，不特不能添新委員，即前此給札者亦須一一撤回，是以未能照辦。但諸人借湊本錢，分途采買，因此半途而廢不免吃虧，姪已函告東局主事者酌量調劑，不令虧本矣。

同治二年八月初四日

字諭紀鴻：

接爾澄叔七月十八日信，并爾寄澤兒一函，❶知爾奉母於八月十九日起程來皖，并三女與羅壻一同前來。

現在金陵未復，皖省南北兩岸群盜如毛，爾母及四女等姑嫂來此，并非久住之局。大女理應在袁家侍姑盡孝，本不應同來安慶，因榆生在此，故吾未嘗寫信阻大女之行。若三女與羅壻，則尤應在家事姑事母，尤可不必同來。余每見嫁女貪戀母家富貴而忘其翁姑者，其後必無好處。余家諸女當教之孝順翁姑，敬事丈夫，慎無重母家而輕夫家，效澆俗小家之陋習也。

三女夫婦若尚在縣城省城一帶，儘可令之仍回羅家奉母奉姑，不必來皖。若業已開行，勢難中途折回，則可同來安慶一次，小住一月二月，余再派人送歸。其陳壻與二女，計必在長沙相見，不可帶之同來。俟此

❶「函」，《湘鄉文獻》作「緘」。

間軍務大順，余寄信去接可也。❶

同治二年八月十二日

字諭紀鴻：

爾於十九自家起行，想九月初可自長沙挂帆東行矣。船上有大「帥」字旗，余未在船，不可誤挂。經過府縣各城，可避者略爲避開，不可驚動官長，煩人應酬也。余日内平安，沅叔及紀澤等在金陵亦平安。此諭。

同治二年十二月十四日

字寄紀瑞姪左右：

前接吾姪來信，字跡端秀，知近日大有長進。紀鴻奉母來此，詢及一切，知姪身體業已長成，孝友謹慎，至以爲慰。

吾家累世以來，孝弟勤儉。輔臣公以上吾不及見，竟希公、星岡公皆未明即起，竟日無片刻暇逸。竟希

❶「也」下，據《湘鄉文獻》有「此間一切平安，紀澤與袁壻、王甥初二俱赴金陵。此信及奏稿一本，爾稟寄澄叔，交去人送去，余未另信告澄叔也」。

公少時在陳氏宗祠讀書，正月上學，輔臣公給錢一百爲零用之需，五月歸時，僅用去一文，尚餘九十八文還其父，其儉如此。星岡公當孫入翰林之後，猶親自種菜收糞。吾父竹亭公之勤儉，則爾等所及見也。今家中境地雖漸寬裕，姪與諸昆弟切不可忘卻先世之艱難。有福不可享盡，有勢不可使盡。「勤」字工夫，第一貴早起，第二貴有恒。「儉」字工夫，第一莫著華麗衣服，第二莫多用僕婢雇工。凡將相無種，聖賢豪傑亦無種，只要人肯立志，都可做得到的。姪等處最順之境，當最富之年，明年又從最賢之師，但須立定志向，何事不可成？何人不可作？願吾姪早勉之也。

廕生尚算正途功名，可以考御史。待姪十八九歲，即與紀澤同進京應考。然姪此際專心讀書，宜以八股試帖爲要。不可專恃廕生爲基，總以鄉試、會試能到榜前，益爲門户之光。紀官聞甚聰慧，姪亦以「立志」二字兄弟互相勸勉，則日進無疆矣。

同治三年六月二十六日酉刻

字諭紀澤：

余於廿五日巳刻抵金陵陸營，文案各船亦於廿六日申刻趕到。沅叔濕毒未愈，而精神甚好。僞忠王曾親訊一次，擬即在此殺之。

由安慶咨行各處之摺，在皖時未辦咨札稿，兹寄去一稿。若已先發，即與此稿不符亦無礙也。刻摺稿寄家可一二十分，或百分亦可。沅叔要二百分，宜先儘沅叔處。此外各處，不宜多散。

此次令王洪陞坐輪船於廿七日回皖，以後送包封者仍坐舢板歸去。包封每日止送一次，不可再多。爾一切以「勤」、「謙」二字爲主，至囑。頃見安慶付來之咨行稿，甚妥。此間稿不用矣。

同治三年七月初七日

字諭紀澤：

日内北風甚勁，未接包封及爾稟，余亦未發信也。僞忠王自寫親供，多至五萬餘字。兩日内看該酋親供，如校對房本誤書，殊費目力。頃始具奏洪、李二酋處治之法。李酋已於初六正法，供詞亦鈔送軍機處矣。

沅叔擬於十一二等日演戲請客，余亦於十五前後起程回皖。日内因天熱事多，尚未將江西一案出奏，計非五日不能核定此稿。老年畏熱，亦畏案牘之繁難。余將來到金陵，即在英王府寓居，頃已派人修理矣。此諭。

同治三年七月初九日

字諭紀鴻：

自爾起行後，南風甚多，此五日内卻是東北風，不知爾已至岳州否？

余以廿五日至金陵，沅叔病已痊愈。廿八日戮洪秀全之尸，初六日將僞忠王正法。初八日接富將軍咨，余蒙恩封侯，沅叔封伯。余所發之摺，批旨尚未接到，不知同事諸公得何懋賞？然得五等者甚少。余借人之力以竊上賞，寸心不安之至。

爾在外，以「謙」、「謹」二字爲主。世家子弟，門第過盛，萬目所屬。臨行時教以三戒之首末二條，及力去「傲」、「惰」二弊，當已牢記之矣。場前不可與州縣來往，不可送條子。進身之始，務知自重。酷熱尤須保養身體，此囑。

同治三年七月初九日

字諭紀澤：

初九日接爾初六申刻之稟，知廿三日之摺，❶批旨尚未到皖，頗不可解，豈已遞至官相處耶？各處來信皆言須用賀表，余亦不可不辦一分。爾請程伯旉爲我撰一表，爲沅叔撰一表。伯旉前後所作謝摺太多，此次擬另送潤筆費三十金，蓋亦僅見之美事也。

得五等之封者，似無多人。余借人之力而竊上賞，寸心深抱不安。從前三藩之役，封爵之人較多，求闕齋西間有《皇朝文獻通考》一部，爾試查《封建考》中三藩之役共封幾人，平準部封幾人，平回部封幾人，開單寄來。僞幼主有逃至廣德之說，不知確否。此諭。

---

❶「初九日接爾初六申刻之稟知」，原無，據《湘鄉文獻》補。

同治三年七月初十日辰刻

字諭紀澤：

今早接奉廿九日諭旨，余蒙恩封一等侯、太子太保、雙眼花翎，沅叔蒙恩封一等伯、太子少保、雙眼花翎，李臣典封子爵，蕭孚泗男爵。其餘黄馬褂九人，世職十人，雙眼花翎四人。恩旨本日包封鈔回。兹先將初七之摺寄回發刻，李秀成供明日付回也。

同治三年七月十三日巳刻

字諭紀澤：

接爾十一、十二、十三等號稟，具悉一切。此間初十、十一二等日戲酒三日，❶沅叔料理周到，精力沛然，余則深以爲苦。亢旱酷熱，老人所畏，應治之事多閣廢者。江西周石一案，奏稿久未核辦，尤以爲疚。自六月廿三日起，凡人證皆由余發給盤川，❷以示體卹。爾託子密告知兩司可也。

鄂刻地圖，爾可即送一分與莫偲老。《輪船行江説》，三日内准付回，另紙繕寫，粘貼大圖空處。萬篪

❶「接爾十一十二十三等號稟具悉一切此間」，原無，據《湘鄉文獻》補。

❷「給」，原作「及」，據《湘鄉文獻》改。

軒、忠鶴皋及泰州、揚州各官，日内均來此一見。李少荃亦擬來一晤，聞余將以七月回皖，遂不來矣。此諭。

同治三年七月十八日

字諭紀澤：

二日未接爾稟，蓋北風阻滯之故。此間十七日大風大雨，蕭然便有秋氣。富將軍今日來拜，晤談一切。余擬明日登舟，乘坐民船，不求其快，舟中須作周石獄事一摺，非三四日不能了。沅叔處無一人獨坐之位，無一刻清浄之時，故未辦也。其他積閣之事亦尚不少，❶皆須在船一爲清理，到皖當在月杪矣。此囑。

同治三年七月二十日

字諭紀澤：

余於十九日回拜富將軍，❷即起程回皖，約行七十里乃至棉花隄。今日未刻發報後，長行順風，行七十

❶「亦尚不少」，原無，據《湘鄉文獻》補。

❷「余」上，據《湘鄉文獻》有「十九日接爾十七日稟，知十一日之信至十七日早始趕到安慶。哨官疲緩如此，不能不嚴懲也」。

里泊宿，距采石不過十餘里。

接奉諭旨，諸路將帥督撫均免造册造報銷，真中興之特恩也。頃又接爾十八日稟，鈔録封爵單一册。我朝酬庸之典，以此次最隆。愧悚戰兢，何以報稱？爾曹當勉之矣。

同治三年七月二十四日，舊縣舟次

字諭紀鴻：

自爾還湘啟行後，久未接爾來稟，殊不放心。今年天氣奇熱，爾在途次平安否？余在金陵與沅叔相聚二十五日，二十日登舟還皖，體中尚適。

余與沅叔蒙恩晉封侯伯，門户太盛，深爲祗懼。爾在省以「謙」、「敬」二字爲主，事事請問意臣、芝生兩姻叔，斷不可送條子，致騰物議。十六日出闈，十七、八拜客，十九日即可回家。九月初在家聽榜信後，再起程來署可也。擇交是第一要事，須擇志趣遠大者，此囑。

同治四年閏五月初九日

字諭紀澤、鴻：

余於初四日自邵伯開行後，初八日至清江浦。聞捻匪張、任、牛三股并至蒙、亳一帶，英方伯雉河集營被圍，易開俊在蒙城亦兩面皆賊，糧路難通。余商昌岐帶水師由洪澤湖至臨淮，而自留此待羅、劉旱隊至，乃赴徐州。

爾等奉母在寓，總以「勤」、「儉」二字自惕，而接物出以謙慎。凡世家之不勤不儉者，驗之於内眷而畢露。余在家深以婦女之奢逸爲慮，爾二人立志撑持門户，亦宜自端内教始也。余身尚安，癬略甚耳。

同治四年閏五月十九日，清江浦

字諭紀澤：

接爾十一、十五日兩次安稟，❶具悉一切。爾母病已全愈，羅外孫亦好，慰慰！余到清江已十一日，因劉松山未到，皖南各軍鬧餉，故爾遲遲未發。雉河、蒙城等處，日内亦無警信。羅茂堂等今日開行，由陸路赴臨淮。余俟劉松山到後，擬於廿一日由水路赴臨淮。

身體平安，惟廑念湘勇鬧餉，有弗戢自焚之懼，竟日憂灼。蔣之純一軍在湖北，業已叛變，恐各處相煽，即湘鄉亦難安居。思所以痛懲之之法，尚無善策。

楊見山之五十金，已函復小岑，在於伊卿處致送。邵世兄及各處月送之款，已有一札由伊卿長送矣。惟壬叔向按季送，偶未入單。劉伯山書局撤後，再代謀一安硯之所。該局何時可撤，尚無聞也。寓中絶不酬應，計每月用錢若干？兒婦諸女，果每日紡績有常課否？下次稟復。

---

❶「十一十五日」，原無，據《湘鄉文獻》補。

吾近夜飯不用葷菜，以肉湯炖蔬菜一二種，令極爛如臡，味美無比，必可以資培養，菜不必貴，適口則足養人。試炖與爾母食之。星岡公好於日入時手摘鮮蔬，以供夜餐。吾當時侍食，實覺津津有味。今則加以肉湯，而味尚不逮於昔時。後輩則夜飯不葷，專食蔬而不用肉湯，亦養生之宜，且崇儉之道也。顔黄門之推。《顔氏家訓》作於亂離之世，張文端英。《聰訓齋語》作於承平之世，所以教家者極精。爾兄弟各覓一册，常常閲習，則日進矣。

同治四年六月初一日

字諭紀澤、鴻兒：

余於廿五、六日渡洪澤湖面二百四十里，❶廿七日入淮，廿八日在五河停泊一日，等候旱隊，廿九日抵臨淮。聞劉省三於廿四日抵徐州，廿八日由徐州赴援雉河。英西林於廿六日攻克高鑪集，雉河之軍心益固，大約圍可解矣。羅、張、朱等明日可以到此，劉松山初五、六可到。余小住半月，當仍赴徐州也。毛寄雲年伯至清江，急欲與余一晤。余廿八日寄一信，❷因太遠，止其來臨淮。

---

❶「余」上，據《湘鄉文獻》有「閏五月三十日由龍克勝等帶到爾廿三日一稟，六月一日由驛遞到爾十八日一稟，具悉一切。羅家外孫既係漫驚風，則極難醫治」。

❷「廿八日寄一信」，原無，據《湘鄉文獻》補。

爾寫信太短。近日所看之書，及領略古人文字意趣，儘可自攄所見，隨時質正。前所示「有氣則有勢，有識則有度，有情則有韻，有趣則有味」，古人絶好文字，大約於此四者之中必有一長。爾所閱古文，何篇於何者爲近，可放論而詳問焉。鴻兒亦宜常常具禀，自述近日工夫，此示。

同治四年六月十九日

字諭紀澤、鴻：

今日接小岑信，❶知邵世兄一病不起，實深傷悼。位西立身行己，讀書作文，俱無差謬，不知何以家運衰替若此？豈天意真不可測耶？爾母之病，總帶温補之劑，當無他虞。羅氏外孫及朱金權已痊愈否？此間水大異常，各營皆已移渡南岸。惟余所居淮北兩營，係羅茂堂所帶，二日内尚可不移，再長水八寸則危矣。陰雲鬱熱，雨勢殊未已也。

邵世兄處應送奠儀五十金，可由家中先爲代出，有便差來營即付去。滕中軍所帶百人，可令每半月派一兵來此，不必定候家鄉長夫送信。余託陳小浦買龍井茶，爾可先交銀十六兩，亦候下次兵來時付去。邵宅每月二十金，爾告伊卿照常致送否？須補一公牘否？爾每旬至李宮保處一談否？幕中諸友淩曉南等

---

❶「今」上，據《湘鄉文獻》有「十五日接澤兒十一日禀，鴻兒無禀，何也」。

相見契愜否？❶

氣勢、識度、情韻、趣味四者，偶思邵子四象之説可以分配，兹録於别紙，爾試究之。

同治四年六月二十五日

字諭紀澤：

廿四日接奉寄諭，❷知沅叔已簡授山西巡撫。諭旨咨少泉宫保處，爾可借閲。沅叔之病，❸不知此時全愈否？余須寄信囑其北上陛見之便，且至徐州兄弟相會。

陳刻廿四史頗爲可愛，不知其錯字多否？《幾何原本》可先刷一百部。曾恒德無事，亦可來營。余又有取閲之書，可令滕中軍派兵送來，録如别紙。

同治四年七月初三日

字諭紀澤、鴻兒：

紀澤於陶詩之識度不能領會，試取《飲酒》二十首、《擬古》九首、《歸田園居》五首、《詠貧士》七首等篇，

---

❶「南」，原作「嵐」，據《湘鄉文獻》改。

❷「廿」上，據《湘鄉文獻》有「廿三日接爾十七日禀，并汪刻《公羊》、陳刻《後漢書》、茶葉、臘肉等，事具悉」。

❸「之」上，據《湘鄉文獻》有「閏五月初六至十四日」九字。

反覆讀之，若能窺其胸襟之廣大，寄託之遥深，則知此公於聖賢豪傑皆已升堂入室。爾能尋其用意深處，下次試解說一二首寄來。

又問「有一專長，是否須兼三者乃爲合作」，此則斷斷不能。韓無陰柔之美，歐無陽剛之美，况於他人而能兼之？凡言兼衆長者，皆其一無所長者也。

鴻兒言此表範圍曲成，横豎相合，足見善於領會。至於純熟文字，極力揣摩固屬切實工夫，然少年文字，總貴氣象峥嶸。東坡所謂「蓬蓬勃勃，如釜上氣」。古文如賈誼《治安策》、賈山《至言》、太史公《報任安書》、韓退之《原道》、柳子厚《封建論》、蘇東坡《上神宗書》，時文如黄陶庵、吕晚村、袁簡齋、曹寅谷，墨卷如《墨選觀止》、《鄉墨精鋭》中所選兩排三疊之文，皆有最盛之氣勢。爾當兼在氣勢上用功，無徒在揣摩上用功。大約偶句多，單句少，段落多，分股少，莫拘場屋之格式，短或三五百字，長或八九百字、千餘字皆無不可。雖係四書題，或用後世之史事，或論目今之時務，亦無不可。總須將氣勢展得開，筆仗使得强，乃不至於束縛拘滯，愈緊愈呆。嗣後爾每月作五課揣摩之文，作一課氣勢之文；講揣摩者送師閲改，講氣勢者寄余閲改。

「四象表」中，惟氣勢之屬太陽者，最難能而可貴。古來文人雖偏於彼三者，而無不在氣勢上痛下工夫，兩兒均宜勉之，此囑。

同治四年七月十三日

字諭紀澤：

福秀之病，❶全在脾虧。❷ 今聞曉岑先生峻補脾胃，似亦不甚相宜。凡五藏極虧者，皆不受峻補也。爾少時亦極脾虧，後用老米炒黄熬成極釅之稀飯，服之半年，乃有轉機。爾母當尚能記憶。金陵可覓得老米否？試爲福秀一服此方。

開生到已數日，元徵信接到，兹有覆信，并邵二世兄信，爾閱後封口交去。渠需銀兩，爾陸續支付可也。

《義山集》似曾批過，但所批無多。余於道光廿二、三、四、五、六等年，用胭脂圈批。唯余有丁刻《史記》、六套，在家否？王刻《韓文》、在爾處。程刻《韓詩》、最精本。小本《杜詩》、康刻《古文辭類纂》、温叔帶回，霞仙借去。《震川集》、在季師處。《山谷集》，在黄恕皆家。首尾完畢，餘皆有始無終，故深以無恒爲憾。近年在軍中閱書，稍覺有恒，然已晚矣。故望爾等於少壯時，即從「有恒」二字痛下工夫。然須有情韻趣味，養得生機盎

❶ 「福」上，據《湘鄉文獻》有「十二日接爾初八日稟，具悉一切」。

❷ 「虧」下，據《湘鄉文獻》有「余前信已詳言之」七字。

然，乃可歷久不衰。若拘苦疲困，則不能真有恒也。❶

同治四年八月初三日❷

字諭紀澤、鴻：

郭宅姻事，❸吾意決不肯由輪船海道行走。嘉禮儘可安和中度，何必冒大洋風濤之險。至禮成，❹或在廣東，或在湘陰，須先將我家或全眷回湘，或澤兒夫婦送妹回湘，吾家主意定後，而後昏期之或遲或早可定，而後成禮之或湘或粵亦可定。吾既決計不回江督之任，而全眷猶戀戀於金陵，不免武仲據防之嫌，是爾母及全眷早遲總宜回湘。全眷皆須還鄉，四女何必先行？

吾意九十月間，❺爾兄弟送家屬悉歸湘鄉。經過省城時，如吉期在半月之内，或爾母親至湘陰一送亦可；如吉期尚遥，則紀澤夫婦帶四妹在長沙小住，届期再行送至湘陰成婚。至成禮之地，余意總欲在湘陰

---

❶「也」下，據《湘鄉文獻》有「密禀悉，當細察耳」七字。

❷「八月初三日」，原作「七月二十七日」，據《湘鄉文獻》改。

❸「郭」上，據《湘鄉文獻》有「七月廿四日接澤兒十九日之禀、鴻兒十四日之禀并詩文一首，八月初二接澤兒廿八日一禀并郭雲仙姻丈與爾之信，具悉一切。其廿六日專兵之禀尚未到也」。

❹「禮成」，《湘鄉文獻》作「成禮」。

❺「十」，原無，據《湘鄉文獻》補。

爲正辦。雲仙姻丈去歲嫁女至左家，❶既可在湘陰由意城主持，則今年娶婦，亦可在湘陰由意城主持。金陵至湘陰近三千里，粵東至湘陰近二千里，女家送三千，壻家迎二千，❷而成禮於累世桑梓之地，豈不盡美盡善？

爾以此意詳覆筠仙姻丈一函，❸今崔成貴等由海道回粵。余亦以此意詳致一函，由排單寄去。即以此信爲定，喜期定用十二月初二日，全眷十月上旬自金陵啟行，斷不致誤。如筠仙姻丈不願在湘陰舉行，仍執送粵之説，則我家全眷暫回湘鄉，明年再商吉期可也。

鴻兒之文，❹氣勢頗旺，下次再行詳示。爾母須用伏苓，候至京之便購買。余以廿四自臨淮起行，十日無雨，明日可到徐州矣。❺途次平安，勿念。

---

❶「至左家」，原無，據《湘鄉文獻》補。

❷「二」，原版不清，據鴻寶南局本和《湘鄉文獻》補。

❸「筠」，原作「雲」，據《湘鄉文獻》改。

❹「鴻」上，據《湘鄉文獻》有「郭宅送來衣服、首飾及燕菜馬褂之類全數收領，途費四百則交來使帶回，無庸收存，此間送女途費理應自備也。崔巡捕、楊僕各給銀四十兩，但用余名寫書一封答之。其喜期之書帖，待湘陰成禮時再辦」。

❺「到」下，據《湘鄉文獻》有「臨」字。

同治四年八月十三日

字諭紀澤：

邵世兄開來行略等件收到，❶位西先生遺文亦閲過。本月當作墓銘，出月親爲書寫，仍付金陵，交刻季公銘之張氏兄弟鉤刻。❷大約刊刻、搨印須三箇月工夫，年底乃可蕆事。爾告邵子晉急急返杭，料理葬事，以速爲妙。此石不宜埋藏土中，將來或藏之邵氏家廟，或嵌之邵家屋壁，或一二年後，於墓之址丈餘另穿一小穴補行埋之，亦無不可。此次切不可待碑成再定葬期也。❸

---

❶「邵」上，據《湘鄉文獻》有「八月十一日接爾七月廿五、八月初三日稟二件，知王長勝中途被搶之事，不知初六又派人送信否」。「行」，原作「節」，據《湘鄉文獻》改。

❷「刻季公銘之」，原無，據《湘鄉文獻》補。

❸「切」，原無，據《湘鄉文獻》補。「也」下，據《湘鄉文獻》有「科四進學在四十二名，其下尚有三名。余於八月六日送去賀禮銀五十兩，横披寫格言一幅。堯階之世兄賀儀二十兩，亦已付去。爾九叔母生日，不便由余處寄禮，由爾母寄去爲妥。潘文質即日坐舢板回金陵，此間有高麗參三斤帶去，亦可用以配禮。余以初四抵徐，一切平安。九叔自聞撫晉之命，已來過信三次，兹封寄爾等一閲，餘不多及」。

同治四年八月十九日

字諭紀澤：

王船山先生《書經稗疏》三本、[1]《春秋家説序》一薄本，係託劉韞齋先生在京城文淵閣鈔出者。爾可速寄歐陽曉岑丈處，以便續行刊刻。劉松山前借去鄂刻地圖七本，兹已取回。尚有二十六本在金陵，可寄至大營，配成全部。《全唐文》太繁，而郭慕徐處有專集十餘種，其中有《韓昌黎集》，吾欲借來一閱，取其無注，便於温誦也。又《文獻通考》、吾曾點過田賦、錢幣、户口、職役、征搉、市糴、土貢、國用、刑制、輿地等門者。《晉書》、《新唐書》要殿本，《晉書》兼取李芋仙送毛刻本。均取來，以便繙閲。《後漢書》亦可帶來。殿本。冬春皮衣，均於此次舢板帶來，此囑。

同治四年八月二十一日

字諭紀澤、鴻：

家眷旋湘，[2]應俟接筠仙丈覆信，乃可定局。余意姻期果是十二月初二，則澤兒夫婦送妹先行至湘陰，

---

[1] 「王」上，據《湘鄉文獻》有「兹因潘文質回金陵，寄去鹿膠二斤、高麗參三斤，并冬菜、口蘑等物查收。又付《全唐詩》四本，即六月間取來者，恐其遺失，故寄回，歸於全部之中，又」。

[2] 「家」上，據《湘鄉文獻》有「二十日馬得勝至，接爾十一日稟，暨爾母一函、松生一函，均悉」。

辦喜事畢即回湘鄉另覓房屋，覓妥後寫信至金陵，鴻兒奉母并全眷回籍。若昏期改至明年，則澤兒一人回湘覓屋，家婦及四女皆隨母明年起程。

黄金堂之屋，爾母素不以爲安，又有塘中溺人之事，自以另擇一處爲妥。余意不願在長沙住，以風俗華靡，一家不能獨儉，若另求僻静處所，亦殊難得，不如即在金陵多住一年半載亦無不可。澤兒回湘與兩叔父商，在附近二三十里覓一合式之屋，或尚可得。星岡公昔年思在牛欄大坵起屋，即鱺魚垻蕭祠間壁也，不知果可造屋以終先志否？又油鋪里係元吉公屋，犂頭觜係輔臣公屋，不知可買庄兑换或借住一二年否？富圫可移兑否？爾禀商兩叔，必可設法辦成。爾母既定於明年起程，則松生夫婦及邵小姐之位置，新年再議可也。

近奉諭旨，飭余晉駐許州。不去則屢違詔旨，又失民望；遽往則局勢不順，必無成功，焦灼之至。餘不多及。

同治四年九月初一日

字諭紀澤：

爾十一後連日患病，❶十六日尚神倦頭眩，不知近已全愈否？

---

❶「爾」上，據《湘鄉文獻》有「卅日成鴻綱到，接爾八月十六日禀，具悉」。「後連」，原無，據《湘鄉文獻》補。

吾於凡事，皆守「盡其在我，聽其在天」二語，即養生之道亦然。體彊者如富人，因戒奢而益富；體弱者如貧人，因節嗇而自全。節嗇非獨食色之性也，即讀書用心，亦宜檢約，不使太過。余「八本扁」中，言「養生以少惱怒爲本」，又嘗教爾胸中不宜太苦，須活潑潑地，養得一段生機，亦去惱怒之道也。❶既戒惱怒，又知節嗇，養生之道已盡其在我者矣。此外壽之長短，病之有無，一概聽其在天，不必多生妄想去計較他。凡多服藥餌，求禱神祇，皆妄想也。吾於醫藥、禱祀等事，皆記星岡公之遺訓，而稍加推闡，教爾後輩。爾可常常與家中內外言之。

爾今冬若回湘，不必來徐省問，徐去金陵太遠也。近日賊犯山東，余之調度，概咨少荃宮保處。澄、沅兩叔信附去查閱，不須寄來矣，此囑。

同治四年九月十八日

字諭紀澤：

十七日接爾初十日稟，知爾病三次翻覆，近已全愈否？舢板尚未到徐，而此間群賊萃於銅、沛二縣，攻破民圩頗多，與微山湖相近。湖中水淺，近郡處又窄，舢板或畏賊不欲進耶？馬步賊約六七萬，火器雖少而剽悍異常，看來凶燄尚將日長。吾已定與賊相終始，故亦安

❶ 「道」，《湘鄉文獻》作「義」。

之若素。

文輔卿自京來此，言近事頗詳。九叔浮言漸息，霞仙雖降調，而物望尚好。雲仙衆望較減，天眷亦甚平平。頃接雲信，婚期已改明年，然則爾今冬亦可不回湘矣。原信鈔去一閱。爾母健飯，大慰大慰！

同治四年九月二十五日

字諭紀澤：

兹將邵位西墓銘付回，❶其兄之名空二字，❷爾可填寫，交匠人鈎摹刊刻。季公墓銘，匠人刻出太俗，❸無深厚之意，余字尚不如是薄也。❹爾可教張氏二匠，用刀須略明行氣之法。刀下無氣，則順修逆描，全失勁健之氣矣。

---

❶「兹」上，據《湘鄉文獻》有「廿四日接爾十一日稟，并耆、朮、附子收到。此間有馬穀山送龍井茶十二瓶，陳小浦所買之茶應全留金陵。莫偲老帶來之二瓶，如有便擬帶寄澄、沅叔也。精茗及各藥物以後當交内銀錢所收，遼參則交王芝圃收。賀勝臣現進京遞摺子，黄齊昂即日出外管帶馬隊矣」。

❷「空」，《湘鄉文獻》作「共」。

❸「太」下，《湘鄉文獻》有「時」字。

❹「薄也」，原無，據《湘鄉文獻》補。

《幾何原本序》付去照收。余十九日覆奏李公入洛、李丁迭遷一疏，爾可至李宮保署查閲。❶此囑。❷

同治四年九月晦日

字諭紀澤、鴻：

廿六日接紀澤二十日排遞之稟。❸紀鴻初六日舢板帶來稟件、❹衣書，今日派夫往接矣。❺

澤兒肝氣痛病已全好否？❻爾不應有肝鬱之症，或由元氣不足，諸病易生。身體本弱，用心太過。上次函示以節嗇之道，用心宜約，爾曾體驗否？張文端公英。所箸《聰訓齋語》，皆教子之言。其中言養身、擇友、觀玩山水花竹，純是一片太和生機，爾宜常常省覽。鴻兒體亦單弱，亦宜常看此書。吾教爾兄弟不在多書，但以聖祖之《庭訓格言》、家中尚有數本。張公之《聰訓齋語》莫宅有之，申夫又刻於安慶。二種爲教，句句皆吾肺腑所欲言。以後在家則蒔養花竹，出門則飽看山水。環金陵百里内外，可以徧遊也。算學書切不可再

---

❶「宫」，原作「公」，據《湘鄉文獻》改。

❷「此」上，據《湘鄉文獻》有「此間帶來之筆墨甚少，爾命曾文煜檢各種筆墨二十餘支、十餘笏，便中付來」。

❸「二十日」，原無，據《湘鄉文獻》補。

❹「初六日」，原無，據《湘鄉文獻》補。

❺「矣」下，據《湘鄉文獻》有「李老太太病勢頗重，近日略愈否？深爲繫念」。

❻「已」，原作「亦」，據《湘鄉文獻》改。

看，讀他書亦以半日爲率，未刻以後即宜歇息游觀。古人以懲忿窒慾爲養生要訣，懲忿即吾前信所謂少惱怒也，窒慾即吾前信所謂知節嗇也。因好名好勝而用心太過，亦慾之類也。藥雖有利，害亦隨之，不可輕服，切囑！❶

同治四年十月初四日

字諭紀澤：

爾病已好，❷慰慰！賊於廿九日稍與馬隊接仗，❸其夜即竄蕭縣，初一二日竄又漸遠，現尚不知果竄何處。各兵既力求寬限，以後即限九日。以八百里之程，每日僅走九十里，并非强人所難。❹張文端公《聰訓齋語》兹付去二本，爾兄弟細心省覽，不特於德業有益，實於養生有益。余身體平安，惟

---

❶「囑」下，據《湘鄉文獻》有「此間派隊於廿八日出剿，初一二可以見仗。十九日摺奉旨留中，暫無寄諭，爾可先告李宫保也，餘不多及」。

❷「爾」上，據《湘鄉文獻》有「初三夜蔣大春到，接爾廿六早一稟，具知李老太太病已痊愈」。

❸「賊」上，據《湘鄉文獻》有「此間之」三字，「與」下，有「徐郡派出之」五字。

❹「難」下，據《湘鄉文獻》有「仍須立一課程，早到一日賞三百，早二日賞六百，遲一日打四十，二日打八十，革去」。

精神日損，老景逐增，而責任甚重，殊爲悚懼。❶

同治四年十月十七日

字諭紀澤、鴻：

賊自初三、❷四兩日在豐縣爲潘軍所敗，倉皇西竄，行至甯陵，又爲歸德周盛波一軍所敗。據捦賊供稱將竄湖北，不知確否。此間俟幼泉游擊之師辦成，除四鎮大兵外，尚有兩枝游兵，❸儘敷剿辦。但求朱、唐、金軍遣撤不生事變，則諸務漸有歸宿矣。

澤兒身體復元，思來徐州省覲。余擬於今冬至曹、濟、歸、陳四府巡閱地勢，現尚未定，爾暫不必來。如余不赴齊、豫，爾至十二月十五以後前來徐州，侍余度歲可也。

彭笛仙在糧臺，爾常相見否？其學問長處究竟何如？《聽訓齋語》，余以爲可卻病延年，爾兄弟與松生、慕徐常常體驗否？可一稟及，此囑。

---

❶「懼」下，據《湘鄉文獻》有「餘不多及」四字。

❷「賊」上，據《湘鄉文獻》有「十四日接爾初四日稟并賀壽各帖，具悉一切。郵封最趲，不如借李宫保移封，或借雨亭、省三、眉生申封，皆可迅速。每次借十個，填寫完畢，兩月後再借可也」。

❸「枝」下，原有「大」字，據《湘鄉文獻》删。

同治四年十月二十四夜

字諭紀澤、鴻：

余近日身體平安。❶ 捻匪自竄河南後，久無消息。十九日之摺，頃接寄諭，業經照准。

明年寓中請師，頃桐城吴汝綸摯甫來此，渠以本年連捷，得内閣中書，告假出京。余勸令不必遽爾進京當差，明年可至余幕中專心讀書，多作古文。因擬請其父吴元甲號育泉者至金陵教書，爲紀鴻及陳堉之師。育泉以廩生舉孝廉方正，其子汝綸，係一手所教成者也。摯甫聞此言，欣然樂從，歸告其父，想必允許。惟澄、沅叔已答應將富圫讓與我家居住，明歲將送全眷回湘，吴來金陵，恐非長久之局。摯甫由徐赴金陵，余擬派差官送之，爾可與之面商一切。❷

鴻兒每十日宜寫一稟，字宜略大，墨宜濃厚。此囑。

---

❶ 「余」上，據《湘鄉文獻》有「十八日接澤兒十一夜稟并筆墨二包。余日内偶忘寫信，故戎國治未得速歸。二十二日又接爾十八日一稟」。

❷ 「切」下，據《湘鄉文獻》有「沈戟門先生今冬可辭謝也。邵銘既難遽刻，擬换寫後半。琦、賽兩名之下，各添一公字，便中寄來。滕將薪水單閲過，可照此發」。

同治四年十一月初六日

字諭紀澤：

彭宮保尚在安慶，❶松生陪王益梧去，恐無所遇，抑別有他營耶？河南吴中丞疏稱，❷豫省情形萬難，供職無狀，請另簡賢能，諭旨又催移營。現因湖團一案關係極大，必須在徐料理。

新年即將移駐河南之周家口，爾可於臘月來徐省覲，隨同度歲。由金陵坐船至清江，清江雇王家營轎車至徐，余派弁至清江迎接，大約水陸不過十二三日程耳。季泉無病，何必託詞不來？

《聽訓齋語》俟覓得再寄。余前信欲乞慕徐齋頭《全唐文》殘本之中韓文一種，❸爾曾與慕徐説及否？《明史》亦未帶來。臘月來營，❹可將此二書帶來。《明史》即將陳刻本帶來亦可。王氏《廣雅疏證》可附帶也。❺

---

❶「彭」上，據《湘鄉文獻》有「十一月初五宛慶榮至，接爾廿六日一稟，具悉一切」。

❷「河」上，據《湘鄉文獻》有「日内賊尚在」五字。

❸「之」，原無，據《湘鄉文獻》補。

❹「臘」上，據《湘鄉文獻》有「其時爾疾未痊，鴻兒看信或不細心。爾」十五字。

❺「也」下，據《湘鄉文獻》有「爾岳霞仙先生因楊厚庵代陝紳奏留，仍撫秦中。金陵已見邸鈔否？餘不及」。

同治四年十一月十八日

字諭紀澤、鴻：

余明年正月即移駐周家口，❶該處距漢口八百四十里，距長沙一千六百餘里，距金陵亦一千三百餘里。兩邊皆係陸路，通信於金陵，與通信於長沙，其難一也。澤兒來此省覲，送余移營起程後即回金陵，全眷仍以三月回湘爲妥。吴育泉正月上學，教滿兩月，如果師弟相得，或請之赴湖南，或令紀鴻、陳壻隨吴師來余營讀書，亦無不可。家中人少，不宜分作兩處住也。

余日來核改《長江水師章程》，❷將次完竣。惟提、鎮以下至千、把，每年各領養廉若干，此間無書可查，澤兒可翻《會典》查出寄來。凡經制之現行者查典，凡因革之有由者查事例。武職養廉，記始於乾隆四十七年補足名糧案内；文職養廉，記始於雍正五年耗羨歸公案内。爾細查武養廉數目，即日先寄。

又提督之官，見《明史·職官志》「都察院」條内，本與總督、巡撫等官皆係文職而帶兵者，不知何時改爲

---

❶ 「余」上，據《湘鄉文獻》有「十一日接澤兒初六日排單一函，十七日午刻接專兵楊錦榮送到爾二人信函。澤兒信面注十一日，則楊弁七日即到，已照格賞錢千八百文矣。《廣雅》、邵銘收到。郭家《韓文》既缺四卷，即不必帶來。爾母之信欲令澤兒夫婦先歸，而自帶鴻兒留金陵，以便去余稍近，聲息易通」。

❷ 「長江」，原無，據《湘鄉文獻》補。

武職？爾試翻尋《會典》，或詢之淩曉嵐、張嘯山等，速行稟覆。❶

同治四年十一月二十九日

字諭紀澤：

蔣大春賫到《會典》五冊、❷《明史》一冊。國初提督尚文武兼用，厥後專用武職，不知始於何時？前明有挂印總兵，以總兵而挂平西將軍、征南將軍等印。國朝總兵亦間存挂印之名，而實無真印，不知何年并挂印之名而去之？爾試問劉伯山能記之否？《水師章程》定於十二月出奏，如其查不出亦不要紧，凡辦事不必定講考據也。❸

---

❶「覆」下，據《湘鄉文獻》有「向伯常十一日得病，十八日午時去世。篤行好學，極可憫也。餘不悉」。

❷「蔣」上，據《湘鄉文獻》有「二十日成巡捕來，接爾十月廿八日稟及爾母一函。二十四日接爾二十日稟，係善後局排單遞來。二十八日接爾二十二日信，係」。「到」下，有「并」字。

❸「也」下，據《湘鄉文獻》有「薛世香業由徐州經過回豫，其祭幛等爾可不必帶來徐州，可交李官保，託其寄長洲縣蒯令轉寄薛處。沈師放學時可送八金，以爲節敬。渠明年既未定館，爾可商之李官保，求派入忠義局。容閎所送等件，如在二十金以內即可收留，多則璧還爲是。爾來徐州，初十後即可起程，余於十二三派員至清江接護。北徐嚴寒甚于金陵，爾最畏寒，宜有以籌備之。或謂洋絨作綿襖綿袴之裏最暖，但綿不宜厚，爾至揚州買三四丈帶來。餘不悉」。

同治五年正月十八日

字諭紀鴻：

爾學柳帖《琅邪碑》，效其骨力則失其結搆，有其開張則無其捖搏。古帖本不易學，然爾學之尚不過旬日，焉能衆美畢備，收效如此神速？余昔學顔、柳帖，臨摹動輒數百紙，猶且一無所似。余四十以前在京所作之字，骨力間架皆無可觀，余自媿而自惡之。四十八歲以後，習李北海《嶽麓寺碑》，略有進境，然業歷八年之久，臨摹已過千紙。今爾用功未滿一月，遂欲遽躋神妙耶？余於凡事，皆用困知勉行工夫，爾不可求名太驟，求效太捷也。

以後每日習柳字百箇，單日以生紙臨之，雙日以油紙摹之。臨帖宜徐，摹帖宜疾，專學其開張處。數月之後，手愈拙，字愈醜，意興愈低，所謂困也。困時切莫間斷，熬過此關，便可少進。再進再困，再熬再奮，自有亨通精進之日。不特習字，凡事皆有極困極難之時，打得通的便是好漢。

余所責爾之功課，并無多事，每日習字一百，閱《通鑑》五葉，誦熟書一千字，或經書，或古文、古詩，或八股試帖。從前讀書即爲熟書，總以能背誦爲止，總宜高聲朗誦。三八日作一文一詩。此課極簡，每日不過兩箇時辰即可完畢，而看讀寫作四者俱全，餘則聽爾自爲主張可也。

爾母欲以全家住周家口，斷不可行。周家口河道甚窄，與永豐河相似，而余駐周家口亦非長局，決計全眷回湘。紀澤俟全行復元，二月初回金陵，余於初九日起程也。此囑。

同治五年正月二十四日

字諭紀鴻：

日内未接爾禀，想闔寓平安。余定以二月九日由徐州起程，至山東濟兖、河南歸陳等處，駐紥周家口，以爲老營。紀澤定於初一日起程，花朝前後可抵金陵，三月初送全眷回湘。

爾出外二年有奇，詩文全無長進。明年鄉試，不可不認真講求八股、試帖。吾鄉難尋明師，長沙書院亦多游戲徵逐之習，吾不放心。爾至安黄後，❶可與方存之、吴摯甫同伴，由六安州坐船至周家口，隨我大營讀書。

李申夫於八股、試帖最善講説，據渠論及，不過半年即可使聽者歡欣鼓舞，❷機趣洋溢而不能自已。爾到營後，棄去一切外事，即看《鑑》、臨帖、算學等事皆當輟舍，專在八股、試帖上講求。丁卯六月回籍鄉試，得不得雖有命定，但求試卷不爲人所譏笑，亦非一年苦功不可。

---

❶「黄」，鴻寶南局本作「慶」。

❷「鼓」，鴻寶南局本作「歌」。

同治五年二月十八日，兖州行次

字諭紀鴻：

凡作字，總要寫得秀。學顏、柳，學其秀而能雄。學趙、董，恐秀而失之弱耳。爾并非下等姿質，特從前無善講善誘之師，近來又頗有好高好速之弊。若求長進，須勿忘而兼以勿助，乃不致走入荆棘耳。

同治五年二月二十五日

字諭紀澤、鴻：

接紀澤在清江浦、金陵所發之信，❶舟行甚速，病亦大愈，爲慰。老年來始知聖人教孟武伯問孝一節之真切。

爾雖體弱多病，然只宜清静調養，不宜妄施攻治。莊生云：「聞在宥天下，不聞治天下也。」東坡取此二語以爲養生之法。爾熟於小學，試取「在宥」二字之訓詁體味一番，則知莊、蘇皆有順其自然之意。養生亦然，治天下亦然。若服藥而日更數方，無故而終年峻補，疾輕而妄施攻伐、强求發汗，則如商君治秦、荆公治

---

❶ 據《湘鄉文獻》，「接紀澤在清江浦、金陵所發之信」一句有删節，原作「二十日接紀澤在清江浦所發之信，二十二日李鼎榮來又接一信，二十四日又接爾至金陵十九日所發之信」。

宋，全失自然之妙。柳子厚所謂「名爲愛之，其實害之」，陸務觀所謂「天下本無事，庸人自擾之」，皆此義也。東坡《游羅浮》詩云：「小兒少年有奇志，中宵起坐存黄庭。」下一「存」字正合《莊子》「在宥」二字之意。蓋蘇氏兄弟父子皆講養生，竊取黄老微旨，故稱其子爲「有奇志」。以爾之聰明，豈不能窺透此旨？余教爾從眠、食二端用功，看似粗淺，卻得自然之妙。爾以後不輕服藥，自然日就壯健矣。

余以十九日至濟甯，即聞河南賊匪圖竄山東，暫駐此間，不遽赴豫。賊於廿二日已入山東曹縣境，余調朱心檻三營來濟護衛，騰出潘軍赴曹攻剿。須俟賊出齊境，余乃移營西行也。

爾侍母西行，宜作還里之計，不宜留連鄂中。仕宦之家，往往貪戀外省，輕棄其鄉，目前之快意甚少，將來之受累甚大，吾家宜力矯此弊。❶

同治五年三月初五日

字諭紀澤：

全眷起行已定十七、廿六兩日，當可從容料理。得沅叔二月十三日信，定於三月初間赴鄂履任。爾等到鄂，當可少爲停留。

賊在山東，余須留於濟甯就近調度，不能遽至周家口。紀鴻兒過安慶時，不可輕赴周口。且隨母至湖

---

❶「弊」下，據《湘鄉文獻》有「餘不悉」三字。

北，再行定計。爾過安慶，往拜吴摯甫之父穜泉翁，觀其言論風範，果能大有益於鴻兒否。如其藹然可親，爾兄弟即定計請之同船赴鄂，即在沅叔署中讀書。若余抵周家口，距漢口八百四十里，紀鴻省覲尚不甚難。爾則奉母還湘，不必在鄂久住。

金陵署内木器之稍佳者不必帶去，余擬寄銀三百，請澄叔在湘鄉、湘潭置些木器，送於富圫。但求結實，不求華貴。衙門木器等物，除送人少許外，餘概交與房主姚姓、張姓，稍留去後之思。

同治五年三月十四夜，濟甯州

字諭紀澤、鴻：

頃據探報，張逆業已回竄，似有返豫之意。其任、賴一股鋭意來東，已過汴梁，頃探亦有改竄西路之意。如果齊省一律肅清，余仍當赴周家口，以踐前言。

雪琴之坐船已送到否？三月十七果成行否？沿途州縣有送迎者，除不受禮物酒席外，爾兄弟遇之，須有一種謙謹氣象，勿恃其清介而生傲惰也。

余近年默省之「勤、儉、剛、明、忠、恕、謙、渾」八德，曾爲澤兒言之，宜轉告與鴻兒。就中能體會一二字，便有日進之象。澤兒天質聰穎，但嫌過於玲瓏剔透，宜從「渾」字上用些工夫。鴻兒則從「勤」字上用些工夫。用工不可拘苦，須探討些趣味出來。余身體平安，告爾母放心，此囑。

同治五年四月二十五日，濟甯

字諭紀澤、鴻：

接爾二人在裕溪口、在安慶、在九江所發信，❶知沿途清吉，爲慰。此時想已安抵湖北，沅叔恩明誼美，必留全眷在湖北過夏。余意業已回籍，即以一直到家爲妥。富托房屋如未修完，即在大夫第借住，紀鴻即留鄂署讀書。

世家子弟，既爲秀才，斷無不應科場之理。既入科場，恐詩文爲同人及内外簾所笑，❷斷不可不切實用功。科六與黄宅生若來湖北，❸紀鴻宜從之講求八股。湖北有胡東谷，是一時文好手，此外尚有能手否？爾可稟商沅叔，擇一善講者而師事之。余尚不能遽赴周家口，申夫亦不能遽赴鄂中。道遠而逼近賊氛，鴻兒不可冒昧來營，即在武昌沅叔左右，苦心作詩文、❹經策。❺

---

❶ 據《湘鄉文獻》，「接爾二人在裕溪口、在安慶、在九江所發信」一句有删節，原作「四月十日接爾二人在裕溪口所發稟，廿二日接紀澤在安慶一信，廿四日接紀澤在九江所發信」。

❷ 「及内外簾」，原無，據《湘鄉文獻》補。

❸ 「宅」，原作「澤」，據《湘鄉文獻》改。

❹ 「詩文」，《湘鄉文獻》作「文詩」。

❺ 「策」下，據《湘鄉文獻》有「彭芳四來，已留用矣」。

同治五年五月十一夜

字諭紀澤、鴻：

接爾二人稟，❶知爾九叔母率全眷抵鄂，❷極骨肉團聚之樂。宦途親眷，本難相逢，亂世尤難，留鄂過暑，自是至情。鴻兒與瑞姪一同讀書，請黄宅生看文，❸恰與吾前信之意相合。

屢聞近日精於舉業者，言及陝西路閏生先生德。《仁在堂稿》及所選《仁在堂試帖》，律賦、課藝，無一不當行出色，宜古宜今。余未見此書，僅見其所箸《檉華館試帖》，❹久爲佩仰。陝西近三十年科第中人，無一不出閏生先生之門，湖北官員中想亦有之。紀鴻與瑞姪等須買《仁在堂全稿》、《檉華館試帖》，悉心揣摩。如武漢無可購買，或摺差由京買回亦可。

鴻兒信中擬專讀唐人詩文。唐詩固宜專讀，唐文除韓、柳、李、孫外，幾無一不四六者，亦可不必多讀。明年鄉試，❺鴻、瑞兩人宜專攻八股、試帖，選《仁在堂》中佳者，讀必手鈔，熟必背誦。爾信中言須能背誦乃

---

❶ 據《湘鄉文獻》，「接爾二人稟」有删節，原作「前接澤兒四月廿一日信，兹又接爾二人廿七日稟」。

❷ 「爾」、「全」，原無，據《湘鄉文獻》補。

❸ 「宅」，原作「澤」，據《湘鄉文獻》改。

❹ 「華」，原作「花」，據《湘鄉文獻》改。

❺ 「鄉試」，原無，據《湘鄉文獻》補。

讀他篇，苟能踐言，實良法也。讀《檉華館試帖》，亦以背誦爲要。對策不可太空，鴻、瑞二人可將《文獻通考》序二十五篇讀熟，限五十日讀畢，終身受用不盡。既在鄂讀書，不必來營省覲矣。❶

同治五年六月十六日

字諭紀澤、鴻：

沅叔足疼全愈，❷深可喜慰！惟外毒遽瘳，不知不生内疾否？

唐文李、孫二家，係指李翺、孫樵。「八家」始於唐荊川之《文編》，至茅鹿門而其名大定。至儲欣同人而添孫、李二家，《御選唐宋文醇》亦從儲而增爲十家。以全唐皆尚駢儷之文，故韓、柳、李、孫四人之不駢者爲可貴耳。

湘鄉修縣志，舉爾纂修。爾學未成就，文甚遲鈍，自不宜承認，然亦不可全辭。一則通縣公事，吾家爲物望所歸，不得不竭力贊助；二則爾憚於作文，正可借此逼出幾篇。天下事無所爲而成者極少，有所貪、有所利而成者居其半，有所激、有所逼而成者居其半。爾纂韻鈔畢，宜從古文上用功。余不能文而微有文名，深以爲恥。爾文更淺而亦獲虛名，尤不可也。❸吾友有山陽魯一同通父，所譔《邳州志》、《清河縣志》，即爲

❶「矣」下，據《湘鄉文獻》有「餘詳初六日所送四月日記及九叔信中日記」一句。
❷「沅」上，據《湘鄉文獻》有「六月六日接紀澤五月十七、二十六日兩禀，具悉一切」。
❸「也」下，據《湘鄉文獻》有「或請本縣及外縣之高手爲饗修，而爾爲協修」一句。

近日志書之最善者。此外再取有名之志爲式，議定體例，俟余核過，乃可動手。❶

同治五年六月二十六日，宿遷

字諭紀澤、鴻：

十六日在濟甯開船，❷廿五日至宿遷。❸小舟酷熱，晝不乾汗，夜不成寐，較之去年赴臨淮時困苦倍之。❹

---

❶「手」下，據《湘鄉文獻》有「紀鴻前文申夫改過，并自作一文三詩，兹寄去。申夫訂於八月至鄂，教授一月即行回川。渠善於講説，而講試帖尤爲娓娓可聽。鴻兒、瑞姪聽渠細講一月，縱八股不進，試帖必有長進。鴻兒文病在太無拄意，以後以看題及想拄意爲先務。余於十五日自濟寧起程，頃始行二十餘里。身體尚好，但覺疲乏耳。此諭」。

❷「船」下，據《湘鄉文獻》有「後寄去一信，廿三日在韓莊下寄沅叔一信并日記，均到否？余於」。

❸「五」，原作「四」，據《湘鄉文獻》改。

❹「之」下，據《湘鄉文獻》有「歐陽健飛言宿遷極樂寺寬大可住，余以楊莊换船，本須耽擱數日方能集事，因一面派人去辦船，一面登岸住廟，擬在此消停三日，再行前進。爾兄弟侍母八月回湘，在徐州所開接禮單余不甚記憶，惟本家兄弟接禮究嫌太薄。兹擬酌送二千金，内澄叔一千，白玉堂六百，有恒堂四百。爾稟商爾母及沅叔先行挪用，余近日將此數寄武昌撫署可也」。

吾家門第鼎盛，而居家規模禮節，總未能認真講求。❶ 歷觀古來世家久長者，男子應講求耕、讀二事，婦女須講求紡績、酒食二事。《斯干》之詩，言帝王居室之事，而女子重在酒食是議。家人卦以二爻爲主，重在中饋。《内則》一篇，言酒食者居半。故吾屢教兒婦諸女親主中饋。後輩視之，若不要緊。此後還鄉居家，婦女縱不能精於烹調，必須常至廚房，必須講求作酒、作醯醢、小菜、換茶之類。❷ 爾等必須留心於蒔蔬、養魚，❸此一家興旺氣象，斷不可忽。紡績雖不能多，亦不可間斷。大房唱之，四房皆和之，家風自厚矣，至囑至囑！

同治五年七月二十日❹

字諭紀澤、鴻：

❶ 「總」，原無，據《湘鄉文獻》補。「能」，《湘鄉文獻》無此字。
❷ 「換茶」，原無，據《湘鄉文獻》補。
❸ 「必」，《湘鄉文獻》作「亦」。
❹ 「二十」，原作「二十一」，據《湘鄉文獻》改。

在臨淮住六七日，❶擬由懷遠入渦河，經蒙、亳以達周口，中秋前必可趕到。❷屆時沅叔若至德安，當設法至汝甯、正陽等處一會。

余近來衰態日增，眼光益蒙。然每日諸事有恒，未改常度。爾等身體皆弱，前所示養生五訣已行之否？澤兒當添不輕服藥一層，共六訣矣。既知保養，卻宜勤勞。家之興衰，人之窮通，皆於勤惰卜之。澤兒習勤有恒，則諸弟七八人皆學樣矣。鴻兒來禀太少，以後半月寫禀一次。澤兒禀亦嫌太短，以後可泛論時事，或論學業也，此諭。

同治五年八月初三日

字諭紀澤、鴻：

接紀澤兩禀，❸并紀鴻及瑞姪禀信、八股。兩人氣象俱光昌，有發達之概，惟思路未開。作文以思路宏開爲必發之品。意義層出不窮，宏開之謂也。

---

❶「在」上，據《湘鄉文獻》有「十六日寄信與沅叔，載十五日遇風舟危之狀，想已到鄂。余自近三月以來，每月發家信六封：澄叔一封，專送沅叔三封，爾等二封，皆排遞鄂署，均得達否」。

❷「前」，原作「後」，據《家書全編》改。

❸「澤」下，據《湘鄉文獻》有「六月廿三、七月初三日」九字。

余此次行役，始爲酷熱所困，中爲風波所驚，旋爲疾病所苦。此間赴周家口尚有三百餘里，或可平安耳。

爾擬於《明史》看畢，重看《通鑑》，即可便看王船山之《讀通鑑論》。爾或間作史論，或作詠史詩。惟有所作，則心自易入，史亦易熟，否則難記也。❶早間所食之鹽薑已完，近日設法寄至周家口。吾家婦女須講究作小菜，如腐乳、醬油、醬菜、好醋、倒筍之類，常常做些，寄與我吃。《内則》言事父母舅姑，以此爲重。若外間買者，則不寄可也。

同治五年八月二十二日

字諭紀澤、鴻：

接爾等八月初十日禀，知鴻兒生男之喜。軍事棘手、衰病焦灼之際，聞此大爲喜慰。❷九月初十後，澤兒送全眷回湘，鴻兒可來周家口侍奉左右。明年夏間，澤兒來營侍奉，换鴻兒回家鄉試。余病已全愈，惟不能用心。偶一用心，即有齒疼、出汗等患。而摺片不肯假手於人，責望太重，萬不能

---

❶「也」下，據《湘鄉文獻》有「余近狀詳日記中。到周口後又專弁送信，此示」。

❷「慰」下，據《湘鄉文獻》有「排行用濬、哲、文、明四字，此兒乳名濬一，書名應用廣字派否？俟得沅叔回信再取名也」。

不用心也。

朱子《綱目》一書，有續修宋元及明合爲一編者，白玉堂忠愍公有之，武漢買得出否？若有而字大明顯者，可買一部帶來，此諭。

同治五年九月初九日

字諭紀澤、鴻：

接澤兒八月十八日稟，具悉擇期九月廿日還湘。十月廿四日四女喜事，諸務想辦妥矣。凡衣服首飾百物，只可照大女、二女、三女之例，不可再加。紀鴻於廿日送母之後，即可束裝來營。自坐一轎，行李用小車，從人或車或馬皆可，請沅叔派人送至羅山，余派人迎至羅山。

淮勇不足恃，余亦久聞此言。然物論悠悠，何足深信？所貴好而知其惡，惡而知其美。省三、琴軒均屬有志之士，未可厚非。申夫好作識微之論，而實不能平心細察。余所見將才，傑出者極少，但有志氣，即可予以美名而獎成之。

余病雖已愈，而難於用心。擬於十二日續假一月，十月奏請開缺。但須沅弟無非常之舉，吾乃可徐行吾志耳。否則別有波折，又須虛與委蛇也。此諭。

同治五年九月十七日

字諭紀澤、鴻：

余病大致已好，惟不甚能用心。自度難任艱鉅，已於十三日具片續假一月，將來請開各缺。縱不能離營調養，但求事權稍小，責任稍輕，即爲至幸。欲求平捻功成，從容引退，殆恐不能。即求免於謗議，亦不能也。捻匪竄過沙河、賈魯河之北，不知已入鄂境否？若鴻兒尚未回湘，目下亦不必來周口，恐中途適與賊遇。

鹽薑頗好，所作椿麩子、醞菜亦好。家中外須講求蒔蔬，内須講求曬小菜，此足驗人家之興衰，不可忽也。此諭。

同治五年十月十一日

字諭紀澤：

爾讀李義山詩，❶於情韻既有所得，則將來於六朝文人詩文，亦必易於契合。凡大家名家之作，必有一

---

❶「爾」上，據《湘鄉文獻》有「九月廿六日接爾初九日稟，廿九、初一等日接爾十八、廿一日兩稟，具悉一切。廿三如果開船，則此時應抵長沙矣。廿四之喜事，不知由湘陰舟次而往乎？抑自省城發喜轎乎」。

種面貌，一種神態，與他人迥不相同。譬之書家，羲、獻、歐、虞、褚、李、顏、柳，一點一畫，其面貌既截然不同，其神氣亦全無似處。本朝張得天、何義門雖稱書家，而未能盡變古人之貌，故必如劉石庵之貌異神異，乃可推爲大家。詩文亦然，若非其貌其神迥絶群倫，不足以當大家之目。渠既迥絶群倫矣，而後人讀之，不能辨識其貌，領取其神，是讀者之見解未到，非作者之咎也。爾以後讀古文古詩，惟當先認其貌，後觀其神，久之自能分别蹊徑。今人動指某人學某家，大抵多道聽塗説、扣槃捫燭之類，不足信也。君子貴於自知，不必隨衆口附和也。

余病已大愈，尚難用心，日内當奏請開缺。近作古文二首，亦尚入理，今冬或可再作數首。唐鏡海先生殁時，其世兄求作墓誌，余已應允，久未動筆，并將節略失去，爾向唐家或賀世兄處索取行狀、節略寄來。羅山文集、年譜未帶來營，亦向易芝生先生索一部付來，以便作碑，一償夙諾。紀鴻初六日自黄安起程，日内應可到此。❶

同治五年十月二十六日

字諭紀澤：

❶ 「此」下，據《湘鄉文獻》有「餘不悉」三字。

余於十三日具疏請開各缺，❶并附片請注銷爵秩。廿五日接奉批旨，再賞假一月，調理就痊，進京陛見一次，余擬於正月初旬起程進京。❷余近無他苦，惟腰疼畏寒，夜不成眠。群疑衆謗之際，此心不無介介。然回思遍年行事無甚差謬，自反而縮，不似丁冬戊春之多悔多愁也。到京後，仍當具疏請開各缺，惟以散員留營維繫軍心，擔荷稍輕。爾兄弟輪流侍奉，軍務鬆時請假回籍省墓一次，亦足以娱暮景。紀鴻在此體氣甚好，心思亦似開朗，❸當令其回家事母耳。❹

同治五年十一月初三日

字諭紀澤：

---

❶「余」上，據《湘鄉文獻》有「十八日接爾初一日在六溪口所發之禀，廿一日接爾在槖駝河口所發之禀，具悉一切。喜期果仍是廿四否？鈞仙近日意興何如」。

❷「京」下，據《湘鄉文獻》有「鴻兒少不更事，欲令爾於十一月十五以後自家來營，隨侍進京。爾近日身體强壯否？接爾復禀，果有起行來豫定期，余即令紀鴻由豫回湘，鴻抵湘鄉過年，爾抵周口過年，中途可約於鄂署一會」。

❸「朗」下，據《湘鄉文獻》有「惜不能久侍」五字。

❹「耳」下，據《湘鄉文獻》有「摺片并批旨抄閲，爾送呈澄叔一看。此諭」。

余定於正初北上，❶頃已附片覆奏。❷屆時鴻兒隨行，二月回豫，鴻兒三月可還湘也。余決計此後不復作官，亦不作回籍安逸之想，但在營中照料雜事，維繫軍心。不居大位享大名，或可免於大禍大謗。若小小凶咎，則亦聽之而已。

余近日身體頗健，鴻兒亦發胖。家中興衰，全係乎内政之整散。爾母率二婦諸女，於酒食、紡績二事，斷不可不常常勤習。目下官雖無恙，須時時作罷官衰替之想。至囑至囑！❸

同治五年十一月十八日

字諭紀澤：

此間軍事，❹東股任、賴竄入光、固，賊勢已衰。西股張總愚久踞秦中華陰一帶，余派春霆往援，大約臘

---

❶「余」上，據《湘鄉文獻》有「廿六日寄去一信，令爾於臘月來營，侍余正月進京。繼又念爾體氣素弱，甫經到家，又行由豫入都，馳驅太勞。且余在京不過半月兩旬，爾不隨侍亦無大損；而富圫新造家室，爾不在家，即有所損。茲再寄一信止爾之行，爾仍居家侍母，經營一切，臘月不必來營，免余惦念」。

❷「奏」下，《湘鄉文獻》有「抄閲」二字。

❸「囑」下，據《湘鄉文獻》有「初五將專人送信，此次未另寄澄叔信，可送閲也」。

❹「此」上，據《湘鄉文獻》有「自接爾十月初九日一稟，久無續音，不知廿四日果辦喜事否？全家已抵富圫否」。

初可以成行。❶

十七日覆奏不能回江督本任一摺，刻木質關防留營自效一片，兹鈔寄家中一閱。❷ 若果能開去各缺，不過留營一年，或可請假省墓。但平日雖有讒謗之言，亦不乏譽頌之人，未必果准悉開各缺耳。

紀鴻在此體氣甚好，月餘未令作文，聽其瀟灑閑適，一暢天機，❸臘月當令與叶甥開課作文。爾膽怯等症由於陰虧，朱子所謂「氣清者魄恒弱」，若能善睡酣眠，❹則此症自去矣。❺

同治五年十一月二十八日

字諭紀澤：

---

❶「行」下，據《湘鄉文獻》有「霞仙迫不及待，寄來一信，峻辭訶責，甚至以楊嗣昌比我，余不能堪，此後亦不復與通信矣」。

❷「閱」下，據《湘鄉文獻》有「前有一信令爾來營侍余進京，後又有三信止爾勿來，想俱接到」。

❸「天」，原作「其」，據《湘鄉文獻》改。

❹「睡」，原作「曉」，據《湘鄉文獻》改。

❺「矣」下，據《湘鄉文獻》有「此函呈澄叔一閱，特諭」。

此間軍事，❶任、賴由固始竄至鄂境，❷該逆不得逞志於鄂，勢必仍回河南。張逆入秦，已奏派春霆援秦，本月當可起程。惟該逆有至漢中過年、明春入蜀之説，不知鮑軍追趕得及否。

本日摺差回營，十三日又有滿御史參劾，奉有明發諭旨，兹鈔回一閲。❸余擬再具數疏婉辭，必期盡開各缺而後已。將來或再奉入覲之旨，亦未可知。爾在家料理家政，不復召爾來營隨侍矣。

李申夫之母嘗有二語云：「有錢有酒款遠親，火燒盜搶喊四鄰。」戒富貴之家不可敬遠親而慢近鄰也。我家初移富圫，不可輕慢近鄰，酒飯宜鬆，禮貌宜恭。建四爺如不在我家，❹或另請一人款待賓客亦可。除不管閒事、不幫官司外，有可行方便之處，亦無吝也。此諭。❺

---

❶「此」上，據《湘鄉文獻》有「十一月廿二日接爾十月廿七在長沙發稟，廿三日接十一月初二在湘潭發稟，廿六日接十一日在富圫發稟，得悉平安回家，小大清吉，至爲欣慰」。

❷「境」下，據《湘鄉文獻》有「郭子美廿三日在德安獲勝」十一字。

❸「閲」下，據《湘鄉文獻》有「十月廿六日寄信令爾來營隨侍進京，厥後又有三信止爾勿來，計爾到家後不過數日即接來營之手諭」。

❹「建四爺如不在我家」，原無，據《湘鄉文獻》補。

❺「此」上，據《湘鄉文獻》有「澄叔處將此信送閲。爾信於郭家及長沙事太略，下次詳述一二」。

同治五年十二月初一日

歐陽夫人左右：

接紀澤兒各禀，知全眷平安抵家，夫人體氣康健，至以爲慰。

余自八月以後屢疏請告假開缺，幸蒙聖恩准交卸欽差大臣關防，尚令回江督本任。余病難於見客，難於閱文，不能復勝江督繁劇之任，仍當再三疏辭，但受恩深重，不忍遽請離營，即在周口養病。少泉接辦，如軍務日有起色，余明年或可回籍省墓一次。若久享山林之福，則恐不能。然辦捻無功，欽差交出，而恩眷仍不甚衰，已大幸矣。

家中遇祭，酒菜必須夫人率婦女親自經手。祭祀之器皿，另作一箱收之，平日不可動用。內而紡績、做小菜，外而蔬菜、養魚、款待人客，夫人均須留心。吾夫婦居心行事，各房及子孫皆依以爲榜樣，不可不勞苦，不可不謹慎。

近在京買參，每兩去銀廿五金，不知好否，兹寄一兩與夫人服之。澄叔待兄與嫂極誠極敬，我夫婦宜以誠敬待之，大小事絲毫不可瞞他，自然愈久愈親。此問近好。

同治五年十二月二十三日

字諭紀澤：

余自奉回兩江本任之命，❶兩次具疏堅辭，❷皆未俞允，訓詞肫摯，只得遵旨暫回徐州接受關防，令少泉得以迅赴前敵，以慰宸廑。❸余自揣精力日衰，不能多閱文牘，而意中所欲看之書，又不肯全行割棄，是以決計不爲疆吏，不居要任，兩三月内，必再專疏懇辭。❹

余近作書箱，大小如何廉舫八箱之式。前後用横板三塊，如吾鄉倉門板之式，四方上下，皆有方木爲柱爲匡，頂底及兩頭用板裝之。出門則以繩絡之而可挑，在家則以架乘之而可累兩箱、三箱、四箱不等。開前倉板則可作櫃，再開後倉板則可過風。當作一小者送回，以爲式樣。吾縣木作最好而賤，爾可照樣作數十箱，每箱不過費錢數百文。

讀書乃寒士本業，切不可有官家風味。吾於書箱及文房器具，但求爲寒士所能備者，不求珍異也。家

❶「余」上，據《湘鄉文獻》有「十二月初六日接爾十一月廿一日排遞之信，十八日接廿七日專勇之信，具悉一切」。

❷「兩」上，據《湘鄉文獻》有「十七、初三日」五字。

❸「廑」下，據《湘鄉文獻》有「兹將初九日寄諭、廿一日奏稿抄寄家中一閲」。

❹「辭」下，據《湘鄉文獻》有「軍務極爲棘手，廿一日有一軍情片，廿二日有與沅叔信，兹抄去一閲。朱金權利令智昏，不耐久坐，余在徐州已深知之。今年既請彭芳六照管書籍、款接人客，應將朱金權辭絶之，并請澄叔專信辭謝，乃有憑據」。

中新居富託，一切須存此意，莫作代代做官之想，須作代代做士民之想。門外但挂「宫太保第」一扁而已。❶

同治六年三月二十二日

字諭紀澤：

紀鴻病，請一醫來診，❷鴻兒乃天花痘也。❸余深用憂駭，以痘太密厚，年太長大，而所服之藥無一不誤。❹闔署惶恐失措，幸託痘神佑助，此三日内轉危爲安。兹將日記由鄂轉寄家中，稍爲一慰。再過三日灌漿，續行寄信回湘也。

---

❶「外」下，據《湘鄉文獻》有「挂扁，不可寫侯府相府字樣，天下多難，此等均未必可靠」。「已」下，有「吾明年正月初赴徐，紀鴻隨往。二月半後天暖，令鴻兒坐砲船至揚州，搭輪船至漢口，三月必可到家。郭壻讀書何如？詳寫告我。此信呈澄叔一閲」。

❷據《湘鄉文獻》，「紀鴻病，請一醫來診」有删節，原作「十八日寄去一信，言紀鴻病狀。十九日請一醫來診」。

❸「痘」下，《湘鄉文獻》有「喜」字。

❹「服」下，據《湘鄉文獻》有「十五六七八九等日」八字。

爾七律十五首，❶圓適深穩，步趨義山，而勁氣倔强處頗似山谷。❷ 爾於情韻、趣味二者，皆由天分中得之。凡詩文趣味約有二種：一曰詼詭之趣，一曰閑適之趣。詼詭之趣，惟莊、柳之文，蘇、黄之詩，韓公詩文，皆極詼詭，此外實不多見。閑適之趣，文惟柳子厚遊記近之，詩則韋、孟、白傅均極閑適。而余所好者，尤在陶之五古，杜之五律，陸之七絶。以爲人生具此高淡襟懷，雖南面王不以易其樂也。爾胸懷頗雅淡，試將此三人之詩研究一番，但不可走入孤僻一路耳。余近日平安，告爾母及澄叔知之。

同治六年三月二十八日

字諭紀澤：

鴻兒出痘，❸余兩次詳信告知家中，❹此六日尤爲平順，全家放心。❺余憂患之餘，每聞危險之事，寸心如沸湯澆灼。鴻兒病痊後，又以鄂省賊久踞臼口、天門，春霆病勢甚重，焦慮之至。

---

❶「爾」上，據《湘鄉文獻》有「爾與澄叔二月廿八日之信頃已接到」一句。
❷「處」，原無，據《湘鄉文獻》補。
❸「鴻」上，據《湘鄉文獻》有「接爾三月十一日省城發禀，具悉一切」。
❹「余」下，據《湘鄉文獻》有「於十九、廿二日」六字。
❺「全」上，據《湘鄉文獻》有「兹抄六日日記寄沅叔轉寄湘鄉，俾」十四字。

爾信中述左帥密劾次青，又與鴻兒信言閩中謠歌之事，恐均不確。❶ 余於左、沈二公之以怨報德，此中誠不能無芥蒂，然老年篤畏天命，力求克去褊心忮心。爾輩少年尤不宜妄生意氣，著不得絲毫意見，❷切記切記！

爾稟氣太清，清則易柔，惟志趣高堅，則可變柔爲剛；清則易刻，惟襟懷閒遠，則可化刻爲厚。余字汝曰「劼剛」，恐其稍涉柔弱也。教汝讀書須具大量，看陸詩以導閒適之抱，恐其稍涉刻薄也。爾天性淡於榮利，再從此二事用功，❸則終身受用不盡矣。鴻兒全數復元，端午後當遣之回湘。❹

同治六年五月初五日午刻

歐陽夫人左右：

自余回金陵後，諸事順遂。惟天氣亢旱，雖四月廿四、五月初三日兩次甘雨，稻田尚不能栽插，深以爲慮。

---

❶「確」下，據《湘鄉文獻》有「余聞少泉言及閩紳公稟留左帥，幼丹實不與聞，特因官階最大，列渠首銜。左帥奏請幼丹督辦輪船廠務，幼已堅辭，見諸廷寄矣」。

❷「著」上，據《湘鄉文獻》有「於二公但不通聞問而已，此外」十二字。

❸「事」，原作「字」，據《湘鄉文獻》改。

❹「湘」下，據《湘鄉文獻》有「此信呈澄叔一閱，不另具」十字。

科一出痘非常危險，幸祖宗神靈庇佑，現已全愈，發體變一結實模樣。十五日滿兩箇月後，即當遣之回家，計六月中旬可以抵湘。如體氣日旺，七月中旬赴省鄉試可也。

余精力日衰，總難多見人客。算命者常言，十一月交癸運，即不吉利。余亦不願久居此官，不欲再接家眷東來。夫人率兒婦輩在家，須事事立箇一定章程。居官不過偶然之事，居家乃是長久之計。能從勤儉耕讀上做出好規模，雖一旦罷官，尚不失爲興旺氣象。若貪圖衙門之熱鬧，不立家鄉之基業，則罷官之後，便覺氣象蕭索。凡有盛必有衰，不可不預爲之計。望夫人教訓兒孫婦女，常常作家中無官之想，時時有謙恭省儉之意，則福澤悠久，余心大慰矣。

余身體安好如常，惟眼蒙日甚，説話多則舌頭蹇澀。左牙疼甚而不甚動摇，不至遽脱，堪以告慰。順問近好。

同治九年六月初四日，將赴天津示二子

余即日前赴天津查辦「毆斃洋人、焚毁教堂」一案。外國性情凶悍，津民習氣浮囂，俱難和叶。❶將來構怨興兵，恐致激成大變。余此行反覆籌思，殊無良策。余自咸豐三年募勇以來，即自誓效命疆場。今老年病軀，危難之際，斷不肯吝於一死，以自負其初心。恐邂逅及難，而爾等諸事無所禀承，兹略示一二，以備

❶「叶」，《家書全編》作「協」。

不虞。

余若長逝，靈柩自以由運河搬回江南歸湘爲便，中間雖有臨清至張秋一節須改陸路，較之全行陸路者差易。去年由海船送來之書籍、木器等過於繁重，斷不可全行帶回，須細心分别去留，可送者分送，可毁者焚毁，其必不可棄者乃行帶歸，毋貪瑣物而花途費。其在保定自製之木器，全行分送。沿途謝絶一切，概不收禮，但水陸略求兵勇護送而已。

余歷年奏摺，令夏吏擇要鈔録。❶今已鈔一多半，自須全行擇鈔。鈔畢後存之家中，留於子孫觀覽，❷不可發刻送人，以其間可存者絶少也。余所作古文，黎蓴齋鈔録頗多，頃渠已照鈔一分寄余處存稿。❸此外黎所未鈔之文，寥寥無幾，尤不可發刻送人。不特篇帙太少，且少壯不克努力，志亢而才不足以副之，刻出適以彰其陋耳。如有知舊勸刻余集者，婉言謝之可也，切囑切囑！

余生平略涉儒先之書，見聖賢教人修身，千言萬語，而要以不忮不求爲重。忮者，嫉賢害能，妒功争寵，所謂「怠者不能修，忌者畏人修」之類也。求者，貪利貪名，懷土懷惠，所謂「未得患得，既得患失」之類也。忮不常見，每發露於名業相侔、勢位相埒之人。求不常見，每發露於貨財相接、仕進相妨之際。將欲造福，

❶ 「夏」，鴻寶南局本作「胥」。
❷ 「於」，《家書全編》作「與」。
❸ 「分」下，《家書全編》有「將」字。

先去忮心，所謂「人能充無欲害人之心，而仁不可勝用也」。將欲立品，先去求心，所謂「人能充無穿窬之心，而義不可勝用也」。忮不去，滿懷皆是荆棘；求不去，滿腔日即卑汙。余於此二者常加克治，恨尚未能掃除淨盡。爾等欲心地乾淨，宜於此二者痛下工夫，并願子孫世世戒之。附作《忮求詩》二首録右。

歷覽有國有家之興，皆由克勤克儉所致，其衰也則反是。余生平亦頗以「勤」字自勵，而實不能勤，故讀書無手鈔之册，居官無可存之牘。生平亦好以「儉」字教人，而自問實不能儉，今署中内外服役之人，廚房日用之數，亦云奢矣。其故由於前在軍營，規模宏闊，相沿未改。近因多病，醫藥之資漫無限制。由儉入奢，易於下水；由奢反儉，難於登天。在兩江交卸時，尚存養廉二萬金，在余初意不料有此，然似此放手用去，轉瞬即已立盡。爾輩以後居家，須學陸梭山之法，每月用銀若干兩，限一成數，另封秤出，本月用畢，只准贏餘，不准虧欠。衙門奢侈之習，不能不徹底痛改。余初帶兵之時，立志不取軍營之錢以自肥其私，今日差幸不負始願。然亦不願子孫過於貧困，低顔求人。惟在爾輩力崇儉德，善持其後而已。

孝友爲家庭之祥瑞。凡所稱因果報應，他事或不盡驗，獨孝友則立獲吉慶，反是則立獲殃禍，無不驗者。吾早歲久宦京師，於孝養之道多疏，後來展轉兵間，多獲諸弟之助，而吾毫無裨益於諸弟。余兄弟姊妹各家，均有田宅之安，大抵皆九弟扶助之力。❶我身殁之後，爾等事兩叔如父，❷事叔母如母，視堂兄弟如手

❶ 「九弟」，《家書全編》作「沅叔」。
❷ 「事」，《家書全編》作「視」。

足。凡事皆從省嗇，獨待諸叔之家，則處處從厚；待堂兄弟以德業相勸，過失相規，期於彼此有成爲第一要義。其次則親之欲其貴，愛之欲其富，常常以吉祥善事代諸昆季默爲禱祝，自當神人共欽。溫甫、季洪兩弟之死，余內省覺有慚德。澄侯、沅甫兩弟漸老，余此生不審能否相見。爾輩若能從「孝友」二字切實講求，亦足爲我彌縫缺憾耳。

附忮求詩二首

善莫大於恕，德莫凶於妒。妒者妾婦行，瑣瑣奚比數。己拙忌人能，己塞忌人遇。己若無事功，忌人得成務。己若無黨援，忌人得多助。勢位苟相敵，畏偪又相惡。己無好聞望，忌人文名著。己無賢子孫，忌人後嗣裕。爭名日夜奔，爭利東西騖。但期一身榮，不惜他人汙。聞灾或欣幸，聞禍或悅豫。問渠何以然，不自知其故。爾室神來格，高明鬼所顧。天道常好還，嫉人還自誤。幽明叢詬忌，乖氣相迴互。重者烖汝躬，輕亦減汝祚。我今告後生，悚然大覺寤。終身讓人道，曾不失寸步。終身祝人善，曾不損尺布。消除嫉妒心，普天零甘露。家家獲吉祥，我亦無恐怖。右不忮。

知足天地寬，貪得宇宙隘。豈無過人姿，多欲爲患害。在約每思豐，居困常求泰。富求千乘車，貴求萬釘帶。未得求速償，既得求勿壞。芬馨比椒蘭，磐固方泰岱。求榮不知饜，志亢神愈忲。歲燠有時寒，日明有時晦。時來多善緣，運去生灾怪。諸福不可期，百殃紛來會。片言動招尤，舉足便有礙。戚戚抱殷憂，精爽日凋瘵。矯首望八荒，乾坤一何大。安榮無遽欣，患難無遽憝。君看十人中，八九無倚賴。人窮多過我，我窮猶可耐。而況處夷塗，奚事生嗟愾。於世少所求，俯仰有餘快。俟命堪終古，曾不願乎外。右不求。

日課四條，同治十年金陵節署中日記

一曰慎獨則心安。　自修之道，莫難於養心。心既知有善知有惡，而不能實用其力，以爲善去惡，則謂之自欺。方寸之自欺與否，蓋他人所不及知，而己獨知之。故《大學》之「誠意」章，兩言慎獨。果能好善「如好好色」，惡惡「如惡惡臭」，力去人欲，以存天理，則《大學》之所謂「自慊」、《中庸》之所謂「戒慎」、「恐懼」，皆能切實行之。即曾子之所謂「自反而縮」，孟子之所謂「仰不愧、俯不怍」，所謂「養心莫善於寡欲」，皆不外乎是。故能慎獨，則内省不疚，可以對天地質鬼神，斷無行有不慊於心則餒之時。人無一内愧之事，則天君泰然，此心常快足寬平，是人生第一自强之道，第一尋樂之方，守身之先務也。

二曰主敬則身强。　「敬」之一字，孔門持以教人，春秋士大夫亦常言之，至程朱則千言萬語不離此旨。内而專静純一，外而整齊嚴肅，敬之工夫也；出門如見大賓，使民如承大祭，敬之氣象也；修己以安百姓，篤恭而天下平，敬之效驗也。程子謂：「上下一於恭敬，則天地自位，萬物自育，氣無不和，四靈畢至，聰明睿智皆由此出，以此事天饗帝。」蓋謂敬則無美不備也。吾謂「敬」字切近之效，尤在能固人肌膚之會、筋骸之束。莊敬日强，安肆日偷，皆自然之徵應。雖有衰年病軀，一遇壇廟祭獻之時，戰陣危急之際，亦不覺神爲之悚，氣爲之振，斯足知敬能使人身强矣。若人無衆寡，事無大小，一一恭敬，不敢懈慢，則身體之强健，又何疑乎？

三曰求仁則人悦。　凡人之生，皆得天地之理以成性，得天地之氣以成形。我與民物，其大本乃同出一源。若但知私己，而不知仁民愛物，是於大本一源之道已悖而失之矣。至於尊官厚禄，高居人上，則有拯民溺、救民飢之責；讀書學古，粗知大義，即有覺後知、❶覺後覺之責。若但知自了，而不知教養庶彙，是於天之所以厚我者辜負甚大矣。孔門教人莫大於求仁，而其最切者，莫要於「欲立立人，欲達達人」數語。立者自立不懼，如富人百物有餘，不假外求；達者四達不悖，如貴人登高一呼，群山四應。人孰不欲己立己達，若能推以立人達人，則與物同春矣。後世論求仁者，莫精於張子之《西銘》。彼其視民胞物與，宏濟群倫，皆事天者性分當然之事。必如此，乃可謂之人；不如此，則曰悖德、曰賊。誠如其說，則雖盡立天下之人，盡達天下之人，而曾無善勞之足言，人有不悦而歸之者乎？

四曰習勞則神欽。凡人之情，莫不好逸而惡勞。無論貴賤智愚老少，皆貪於逸而憚於勞，古今之所同也。人一日所著之衣、所進之食，與一日所行之事、所用之力相稱，則旁人韙之，鬼神許之，以爲彼自食其力也。若農夫織婦終歲勤動以成數石之粟、數尺之布，而富貴之家終歲逸樂不營一業，而食必珍羞，衣必錦繡，酣豢高眠，一呼百諾，此天下最不平之事，鬼神所不許也，其能久乎？古之聖君賢相，若湯之昧旦丕顯，文王日昃不遑，周公夜以繼日、坐以待旦，蓋無時不以勤勞自勵。《無逸》一篇，推之於勤則壽考，逸則夭亡，歷歷不爽。爲一身計，則必操習技藝，磨鍊筋骨，困知勉行，操心危慮，而後可以增智慧而長才識。爲天下計，則必己饑己溺，一夫不獲，引爲余辜。大禹之周乘四載過門不入，墨子之摩頂放踵以利天下，皆極儉以

❶「覺」，《家書全編》作「知」。

奉身，而極勤以救民。故荀子好稱大禹、墨翟之行，以其勤勞也。軍興以來，每見人有一材一技、能耐艱苦者，無不見用於人，見稱於時。其絶無材技、不慣作勞者，皆唾棄於時，飢凍就斃。故勤則壽，逸則夭；勤則有材而見用，逸則無能而見棄；勤則博濟斯民而神祇欽仰，逸則無補於人而神鬼不歆。是以君子欲爲人神所憑依，莫大於習勞也。

余衰年多病，目疾日深，萬難挽回。汝及諸姪輩，身體强壯者少。古之君子，修己治家，必能心安身强而後有振興之象，必使人悦神欽而後有駢集之祥。今書此四條，老年用自儆惕，以補昔歲之愆。并令二子各自勖勉，每夜以此四條相課，每月終以此四條相稽，仍寄諸姪共守，以期有成焉。

「《儒藏》精華編選刊」選目

經　部

周易鄭注
漢魏二十一家易注
周易注
周易正義
周易口義（與《洪範口義》合册）*
温公易説（與《司馬氏書儀》《孝經注解》《家範》合册）
漢上易傳
誠齋先生易傳
易學啓蒙
周易本義
楊氏易傳
易學啓蒙通釋
周易本義附録纂注
周易啓蒙翼傳
周易本義通釋
易經蒙引
周易述
周易述補（江藩）（與李林松《周易述補》合册）
周易述補（李林松）
易漢學
御纂周易折中
周易虞氏義
雕菰樓易學
周易集解纂疏
周易姚氏學
鄭氏古文尚書
洪範口義
書傳（與《書疑》《尚書表注》合册）
書疑
尚書表注
書纂言
尚書全解（全二册）
尚書要義
讀書叢説
書傳大全（全二册）

古文尚書攷（與《九經古義》合册）
尚書集注音疏（全二册）
尚書後案
詩本義
吕氏家塾讀詩記
慈湖詩傳
詩經世本古義（全四册）
毛詩稽古編
毛詩説
毛詩後箋（全二册）
詩毛氏傳疏（全三册）
詩三家義集疏（全三册）
儀禮注疏
儀禮集釋（全二册）
儀禮圖
儀禮鄭註句讀

儀禮章句
儀禮正義（全六册）
禮記正義
禮記集説（衛湜）
禮記集説（陳澔）（全二册）
禮記集解
禮書
五禮通考
禮經釋例
禮經學
司馬氏書儀
春秋左傳正義
左氏傳説
左氏傳續説
左傳杜解補正
春秋左氏傳賈服注輯述

春秋左氏傳舊注疏證（全四册）
春秋左傳讀（全二册）
公羊義疏
春秋穀梁傳注疏
春秋集傳纂例
春秋權衡（與《七經小傳》合册）
春秋集注
春秋經解
春秋尊王發微（與《孫明復先生小集》合册）
春秋本義
春秋集傳
春秋集傳大全（全三册）
孝經注解
孝經大全
白虎通德論

七經小傳
九經古義
經典釋文
群經平議（全二册）
論語集解（正平版）
論語義疏
論語注疏
論語全解
論語學案
孟子注疏
孟子正義（全二册）
四書集編（全二册）
四書纂疏（全三册）
四書集註大全
四書蒙引（全二册）
四書近指

四書訓義
四書賸言
四書改錯
四書説
爾雅義疏
廣雅疏證（全三册）
説文解字注

史　部

逸周書
國語正義（全二册）
貞觀政要
歷代名臣奏議
御選明臣奏議（全二册）
孔子編年
孟子編年

陳文節公年譜
慈湖先生年譜
宋名臣言行録
伊洛淵源録
道命録
考亭淵源録
道南源委
聖學宗傳
元儒考略
四先生年譜
洛學編
儒林宗派
程子年譜
學統
伊洛淵源續録
豫章先賢九家年譜

閩中理學淵源考（全三册）
清儒學案
經義考
文史通義

子部

孔子家語（與《曾子注释》合册）
曾子注釋
孔叢子
新書
鹽鐵論
新序
説苑
太玄經
龜山先生語録
胡子知言（與《五峰集》合册）

木鐘集
西山先生真文忠公讀書記
性理大全書（全四册）
居業録
思辨録輯要
家範
小學集註
曾文正公家訓
勸學篇
仁學
習學記言序目
日知録集釋（全三册）

集部

蔡中郎集
李文公集

孫明復先生小集
直講李先生文集
歐陽脩全集
伊川擊壤集
元公周先生濂溪集
張載全集
温國文正公文集
公是集（全二册）
游定夫先生集
和靖尹先生文集
豫章羅先生文集
梁溪先生文集
斐然集（全二册）
五峰集
文定集
渭南文集

誠齋集（全四册）
晦庵先生朱文公文集
東萊吕太史集
止齋先生文集
攻媿先生文集
象山先生全集
陳亮集（全二册）
絜齋集
文山先生文集
勉齋先生黄文肅公文集
北溪先生大全文集
西山先生真文忠公文集
鶴山先生大全文集
閑閑老人滏水文集
郝文忠公陵川文集
仁山金先生文集

静修劉先生文集
雲峰胡先生文集
許白雲先生文集
吴文正集（全三册）
道園學古録　道園遺稿
師山先生文集
曹月川先生遺書
康齋先生文集
敬齋集
涇野先生文集（全三册）
重鐫心齋王先生全集
雙江聶先生文集
歐陽南野先生文集
念菴羅先生文集（全二册）
正學堂稿
敬和堂集

涇皋藏稿
馮少墟集
高子遺書
劉蕺山先生集（全二册）
南雷文定
桴亭先生文集
西河文集（全六册）
曝書亭集
三魚堂文集外集
考槃集文録
復初齋文集
述學
揅經室集（全三册）
劉禮部集
籀廎述林
左盦集

出土文獻

郭店楚墓竹簡十二種校釋

上海博物館藏楚竹書十九種校釋（全二册）

秦漢簡帛木牘十種校釋

武威漢簡儀禮校釋

*合册及分册信息僅限已出版文獻。